DINGYU
YONGCHANG

李久芳◎主编

文物出版社

鼎玉永昌

澳门新建业集团典藏玺印

概述

澳门新建业集团“古韵堂”为发掘发扬和保护传承中华文化，几十年来不遗余力，斥巨资办大事，以超前的思想意识、前瞻的眼光胆识和丰富的收藏经验，花费了大量的时间、精力、财力、抢救性地从海内外收集了一批珍贵文物艺术品。传承中华文化的同时，为艺术品的进一步研究提供了收藏、展示的物质基础。

中国玺印是中国灿烂历史文化的重要组成部分，是中国印章文化和宫廷历史的重要实物资料，对研究中国封建社会的政治、经济、文化、思想、宗教等诸多方面有着极为重要的历史价值和艺术价值。此次澳门新建业集团“古韵堂”从他们数十年辗转集藏的丰富藏品中遴选出几十方极具收藏价值、史料研究价值、艺术鉴赏价值，同时又能代表古代帝王宝玺最高水平的玺印编撰成册，使我们志立于保护、传承、发扬人类文明和世界文化遗产的志士仁人，通过此册近距离地一窥古代帝王后妃的宝玺风华，领略古代文明博大精深的同时，接受一次东方文化的美学洗礼。

中国玺印历史源远流长。《说文解字注》：“印者，执政所持信也。”其起源有图腾、信物、宗教等诸说。战国时已有称印者，如“上师之印。”《后汉书·祭祀志》记载：“尝闻儒言，三皇无文，结绳以治。自五帝始有书契，至于三王，俗化雕文，作伪渐兴，始有印玺，以检奸萌”。其形制多样，大小不一；其选材丰富多样，常见有金、银、铜、玉石、象牙、犀角、木材等；其名称历代不尽相同，秦朝统一六国之后，天子以玉治印，独称为“玺”，臣民只称“印”，至汉代，诸侯王和皇后亦可称“玺”，官印中有“章”及“印章”之称。以后印章又有“宝”、“关防”、“押”、“铃记”、“图章”等称谓。可以说在中国整个封建社会历史时期，上至国家官吏，下至百姓个人在社会生活中以印记为凭，从而促使了官、私玺印的进一步分化。

帝王印章是官印体系中代表最高权力、最高规格的宝玺，是国之重器，皇家尊荣地位的象征，亦是自古天子的至尊集权的体现。《左传·襄公二十九年》已有关于使用印章的记载。今可确证的先秦古印多属战国时期，遗存古玺约有6000余方，分官玺、私玺两大类。官玺仅约300方，余者多是私玺。战国时期印章，其质地、形状、纽式乃至用字较为单一，玺文为战国古文，并且同战国青铜器上的铭文相合，文字排列无固定模式，字体用阴阳两法镌刻，结字紧密，笔划圆转多姿，印面布局错落有致，和谐自然，并依据构图美观的需要，或减笔，或增笔，或挪动偏旁，甚至合文。且由于国别不同，个别玺文的笔画结构也有一定的区别。

至秦王朝建立，帝王与百官均有印，并且一改战国时官私印章统称玺的传统，规定帝、后印称“玺”，余均称“印”。诸如见于记载的秦朝皇帝玺有：乘舆六玺，即为皇帝行玺、皇帝之玺、皇帝信玺、天子行玺、天子之玺、天子信玺6种，是秦朝皇帝处理日常政务时使用的印章；秦始皇玉玺，传用蓝田玉镌刻，螭虎纽，文曰“受命于天，既寿永昌”，丞相李斯所书。据《史记·高祖纪》，此玺于刘邦兵入咸阳时，秦王子婴降时归汉，汉以为传国玺。秦皇帝玺均早佚，历代所传秦始皇玉玺均伪。

秦汉魏晋时期，玺印制式逐渐统一，印章形状不同，大小不等，印体往厚重感方向发展，常见鼻纽、龟纽。秦代多刻阴文小篆，兼有界格，两汉和魏晋的印文篆书方圆规整，亦可见鸟虫书印文和装饰图案的印文。至隋唐时期，印身逐渐变大，鼻纽发展转变为上窄下宽的柱形柄。官印多用阳文，笔划与空白日趋均匀。时至清康熙、雍正两朝，基本遵循顺治时期的定式，未有大的变动。乾隆时期，对印章制度厘定改革。《御制文馀集》卷二《匣衍记》提到：“盖天子所重，以治宇宙，申经纶，莫重于国宝，而涉笔记事之玺，即其次也”。其集对皇帝独有的宝玺及国家政权象征的官印内容、形制、颁发、保存、使用等都做了规定。乾隆十一年（1746年），乾隆皇帝对前代帝王御宝重新考证排次，将其总数定为二十五方，并详细规定了各自的使用范围。二十五宝玺是专用于国事的传国宝玺，质地有金、玉、栴檀木，体积硕大，印纽有交龙、盘龙、蹲龙各式型制，玺文有满文、满汉篆书合文。平时密藏于紫禁城交泰殿的宝盝中，一宝一盝。盝为两重，皆木质，制作精美。宝盝置于木几上，外罩绣龙纹黄缎罩，分列于御座左右。

此次刊出的另一个重要组成部分就是帝王用的闲章。“闲章不闲”，在特定历史条件下闲章也具有最高的法律效用，这样的案例在清代历史上不在少数。如道光秘密建储的朱谕中，御书“立皇四子奕詝为皇太子，皇六子奕訢为亲王”并在匣封上盖有道光皇帝的“继德堂”小玺。闲章同时还能反映帝王的为政思想，如康熙的“敬天勤民”印，雍正的“为君难”印，其数目前后有十几方之多，是其为政的心理实录，亦是对其自身经历的嘉勉。乾隆的闲章更是形成了其独特的序列和用意，不同时代、不同年份的印玺寓意各不相同。如乾隆七十岁时“古稀天子”印、“犹日孜孜”印，表明自己虽然已经七十岁高龄，但对国家治理仍有不不敢懈怠慢倦之心；八十岁的“入徽耄念之宝”、“自强不息”闲章，表明君子以自强不息，孜孜以求的处世态度。闲章亦可做为鉴藏玺，为御笔和赏鉴所用，同时亦可表明该物存放的相应殿宇，如三希堂精鉴玺、养心殿鉴藏玺等。其材质、印饰多雕制精美，雍容奢华，是具有重要历史价值的典章文物。乾隆的这些重要宝玺，在他去世前不断地被复制，数量很多，可达几十方之多。帝王玺印在中国传统意识中是无上权力的象征，虽然这种观念现在已不复存在，但仍使帝王玺印具有无穷的魅力，就其精、珍、稀的特点来衡量，帝王玺印也是当之无愧的艺术珍品。

“衣带渐宽终不悔，为伊消得人憔悴”，在收集传承，保护发扬中华文化这条任重道远的路途上，澳门新建业集团几十年如一日，孜孜以求在美国、韩国、日本、俄罗斯、蒙古等地。他们的足迹踏遍千山万水，心中只为那些流落在异乡他国的中华血脉。此次“古韵堂”精选刊出的66方宝玺可谓集清代之大成，其种类之多、选料之贵、质地之佳、工艺之精、意蕴之深，无不登峰造极。这些宝玺，体现了皇权的尊贵，代表着中国古代工艺品制作的精湛水平，其收藏价值深远。时临专集编撰成册之际，真挚感谢参与宝玺精选和鉴别工作的文博界资深专家团队的通力协助，感谢文物出版社的鼎力支持，预祝此专集出版发行成功！

李久芳

丙申猴年季秋于北京

参考书目

《钦定大清会典事例》卷三二。

《清高宗御制诗全集》卷一。

《古玺印概论》，罗福颐编，文物出版社，1981 年 12 月第一版。

《明清帝后玺印》，郭福祥著，国际文化出版社，2003 年 1 月第一版。

《乾隆与玉》，李宏著，华文出版社，2013 年 2 月第一版。

《中国大百科全书（第一版）文物·博物馆卷》，中国古代印玺篇，叶其峰，中国大百科全书出版社，1993 年 1 月出版。

乾隆御笔之宝
清 乾隆
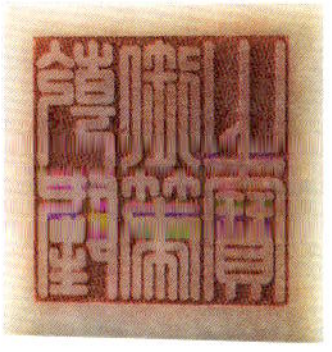
020

八徵耄念之宝
清 乾隆

018

皇极殿宝
清 乾隆

017

五福四德十全之宝
清 乾隆

014

表章经史之宝
清 乾隆

012

皇帝奉天之宝
清 乾隆
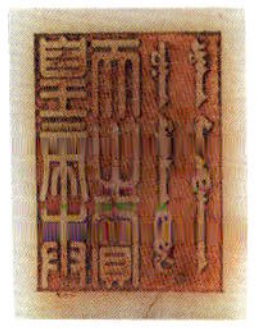
010

储秀宫宝和田碧玉玺
清

008

蹲龙滚绣球印玺
清 乾隆

007

乾隆御览之宝
清 乾隆
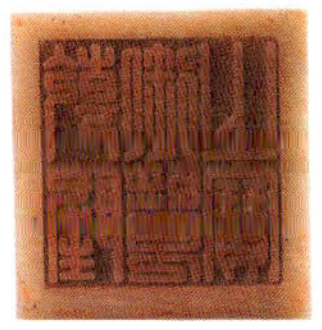
005

亲贤爱民宝玺
清 雍正

002

太极殿宝
清 乾隆

071

乾隆御览之宝
清 乾隆

068

长春书屋玺
清 乾隆

067

懋勤殿宝
清 乾隆

062

康熙之宝
清 康熙

058

乾隆御览之宝
清 乾隆

056

戒得堂宝
清 乾隆

054

康熙宸翰
清 康熙

052

乾隆敕命之宝
清 乾隆

048

治教休明
清 乾隆

046

五经萃室
清 乾隆

114

大清雍正御制
清 雍正

113

养心殿印
清 乾隆

110

乾隆御笔之宝
乾隆御览之宝
乾隆御赏之宝
清 乾隆

108

白玉守卫腰牌
清

106

扶寿满规
清 乾隆

104

为君难
清 雍正

103

三希堂
清 乾隆

100

大清帝国皇帝之宝
清

098

同道堂
清 咸丰

096

雍正尊亲之宝
清 雍正
024

八徵耄念之宝
清 乾隆
026

天恩八旬之宝
清 乾隆
028

古稀天子之宝
清 乾隆
030

皇帝亲亲之宝
清 乾隆
032

乾清宫宝
清 乾隆
034

皇帝尊亲之宝
清 乾隆
036

敬天勤民之宝
清 乾隆
038

敬天勤民之宝
清 乾隆
042

朗吟阁之宝
清 乾隆
044

尊祖敬天之宝
清 乾隆
075

皇帝奉天之宝
清 乾隆
077

继德堂宝
清 乾隆
080

皇帝奉天之宝
清 乾隆
082

敕正万邦之宝
清 乾隆
084

巡守天下之宝
清 乾隆
087

三希堂精鉴玺
清 乾隆
088

养心殿宝
清 乾隆
090

信天主人玺
清 乾隆
092

三无九有玺
清 乾隆
094

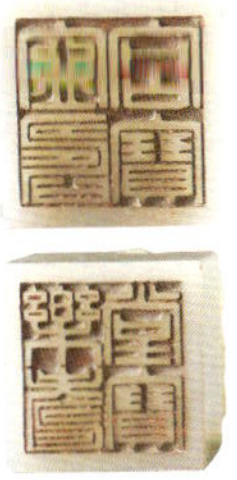
乐寿堂
宁寿宫 对章
清 康熙
120

百寿套章
清 乾隆
122

养心殿精鉴玺
清 乾隆
124

自强不息
清 乾隆
127

八徵耄念之宝
清 乾隆
130

皇后之宝
清 乾隆
133

瑜贵妃之宝
清
134

珍妃之宝
清 光绪
136

瑾妃之宝
清 光绪
138

皇帝奉天之宝
清
140

玺印图版

亲贤爱民宝玺

长 12 厘米　宽 10.5 厘米　高 11 厘米

清　雍正

Description: Seal. Made of jade.

Inscription Transliteration: Qin Xian Ai Min Bao Xi

Inscription Translation: Be diligent in government, love the people

Dimensions: Length: 12 centimetres; Width: 10.5 centimetres; Height: 11 centimetres;

Period: Yongzheng (reign); Qing dynasty

此宝镌刻于清雍正元年正月二十三日，怡亲王交和阗玉龙纽印章石一方，奉旨镌『亲贤爱民』宝玺，钦此。于同年四月初八日镌亲贤爱民字样完，配做锦匣，怡亲王呈进。清帝对勤政爱民极为重视，将其视为维护社会安定的重要手段，清帝将亲贤爱民提升为祖制、家法的高度，也是构成清朝皇帝集体性格的重要方面，同样民为邦本，爱民如子的思想在清代也得到较好体现和实践，清帝对如何勤民、爱民、养民、恤民多有论述。而敬天勤民、亲贤爱民、育德勤民等宝玺正好与这些言行和治邦理念相呼应。

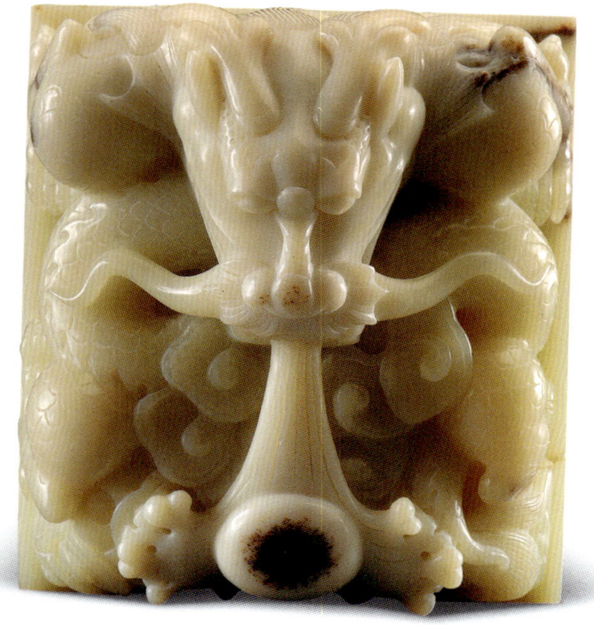

Description: Seal. Made of jade.

Inscription Transliteration: Qian Long Yu Lan Zhi Bao

Inscription Translation: A kind of leisure seal, used on collections of painting, calligraphy or books.

Dimensions: Length: 10 centimetres; Width: 10 centimetres; Height:10 centimetres;

Period: Qianlong (reign); Qing dynasty

乾隆御览之宝

长 10 厘米　宽 10 厘米　高 10 厘米

清　乾隆

闲章，并非真『闲』，而是从不同角度，不同场合发挥着不同的征信和证据的作用，皇帝的大量印玺从广义上讲都有着某种征信和证据的作用，在特定的历史时期和某些重大事件中还起到关键作用。咸丰帝的『御赏』『同道堂』两方小玺即是如此。乾隆御览之宝是乾隆帝对自己过到并十分喜爱和重视的古代书画、碑帖、典籍、文书，均加盖此玺，并登记在册，为保护和传承历史文化、为现代国家及收藏家们整理识别作品的优劣和文物艺术品的等级起到了不可替代的至关重要的作用。此玺也可作为乾隆 1800 多方印玺中最重要的宝玺，其于文化研究和现实的收藏意义更显得重大！

新疆和田青白玉质地，雕工上乘、玉质优良，圆雕蹲龙二目圆睁、歪头斜视、乖巧、稚趣、生动，传神为乾隆帝较喜爱的闲章之一『惟精惟一』语出《尚书·大喻谟》『人心惟危，道心惟微，惟精惟一，允执厥中。』此言之所以为君治民之心法，恰如孔颖达注疏所云：居住则治民，治民必须道明，故戒之以人心惟危，道心惟危，道者，经也，物所从之路也，因言人心，遂云道心，道心微则难明，将欲明道，必须精心，将欲安民必须一意，故以戒精心一意，又当信执其中，然后可得明道以安民耳，乾隆帝以此为玺文刻了多方宝玺，此当为其中之一。此玺与『乾隆宸翰』相匹，常钤诸御笔书画之上，为古代帝王印玺实物遗存的证物，其收藏意义巨大！

蹲龙滚绣球印玺

长5厘米 宽5厘米 高19厘米

清 乾隆

Description: Seal. Made of jade.

Inscription Transliteration: Dun Long Gun Xiu Qiu Yin Xi

Inscription Translation: Squatting dragon rolling the embroidered ball.

Dimensions: Length: 5 centimetres; Width: 5 centimetres; Height:19 centimetres;

Period: Qianlong (reign); Qing dynasty

储秀宫宝和田碧玉玺

长 8.5 厘米　宽 8.5 厘米　高 15 厘米

清

始建于明代永乐年间储秀宫原名寿昌宫，是始建于明代的汉族宫殿建筑。是为明清后妃居住的地方，内廷西六宫之一。位于北京故宫咸福宫之东、翊坤宫之北。储秀宫为单檐歇山顶，面阔五间，前出廊。檐下斗栱、梁枋饰以苏式彩画。东西配殿为养和殿、缓福殿，均为面阔三间，硬山顶建筑。后殿丽景轩面阔五间，单檐硬山顶，东、西配殿分别为凤光室、猗兰馆。慈禧入宫后曾居住储秀宫后殿（当时未命名丽景轩），并在此生下同治皇帝。此宝玺是刻有宫、殿、楼、堂、斋、馆、阁、院等名家的印章，是为宫殿名玺，当为不可多得不可再生，古代艺术收藏精品具极高的收藏与艺术鉴赏价值！

Description: Seal. Made of Hetian jasper.

Inscription Transliteration: Chu Xiu Gong Bao

Inscription Translation: An imperial seal inscribed with the name of a hall of the imperial place. Chu Xiu Gong was a palace of Empress and Imperial Concubines.
Dimensions: Length: 8.5 centimetres; Width: 8.5 centimetres; Height:15 centimetres;
Period: Qing dynasty

皇帝奉天之宝和田白玉印玺

长 10.7 厘米　宽 8.3 厘米　高 9 厘米

清　乾隆

Description: Seal. Made of Hetian jade.

Inscription Transliteration: Huang Di Feng Tian Zhi Bao

Inscription Translation: Seal of the emperor.

Dimensions: Length: 10.7 centimetres; Width: 8.3 centimetres;

Height:9 centimetres;

Period: Qianlong (reign); Qing dynasty

乾隆帝钦定二十五宝之一，《交泰殿宝谱》记此宝——『以章奉若』之用，以示皇帝对上天的尊崇和礼敬，但这只是一种象征，实际上迄今为止还未发现盖过此宝的档案文书，表明此宝很少使用，关于此宝的含义乾隆帝在乾隆十一年（1746 年）厘定国宝时曾有过如下考辨：至谓『皇帝奉天之宝』即传国玺，两郊大祀及圣节宫中告天青词用之，此语尤诞谬，大祀遵古礼用祝版，署名而不用宝。圣节宫中未尝有告天事，或道箓祝厘时一行之，亦不过偶存其教耳，未云命文臣为青铜，亦未尝用宝。指出康熙朝和雍正朝《大清会典》对此宝的认识错误及其原因，并最后将其确定为敬天之表征之物，其偶然性和唯一性，当为清二十五宝中的绝无仅有的珍罕之宝。

表章经史之宝

长 10.5 厘米　宽 10.5 厘米　高 10.5 厘米

清　乾隆

此宝为清二十五宝之一，玺文为朱文，玉箸篆，左满文，右汉文。制度规定其『以崇古训』皇帝在表彰古籍等时，用此宝。以新疆产优等和田白玉，经苏州织造手工雕制而成，玉质洁白无瑕，细润如脂，制式俨然，一派皇家气度，为不可多得的珍罕古代艺术精品，其收藏意义深远而重大！

Description: Seal. Made of jade.

Inscription Transliteration: Biao Zhang Jing Shi Zhi Bao

Inscription Translation: One of the Twenty-Five Imperial Seals symbolizing the imperial power were selected by Emperor Qianlong from the seals of successive reigns of the Qing Dynasty in 1746. It's in order to show directly the supremacy of imperial authority.

Dimensions: Length: 10.5 centimetres; Width: 10.5 centimetres; Height: 10.5 centimetres;

Period: Qianlong (reign); Qing dynasty

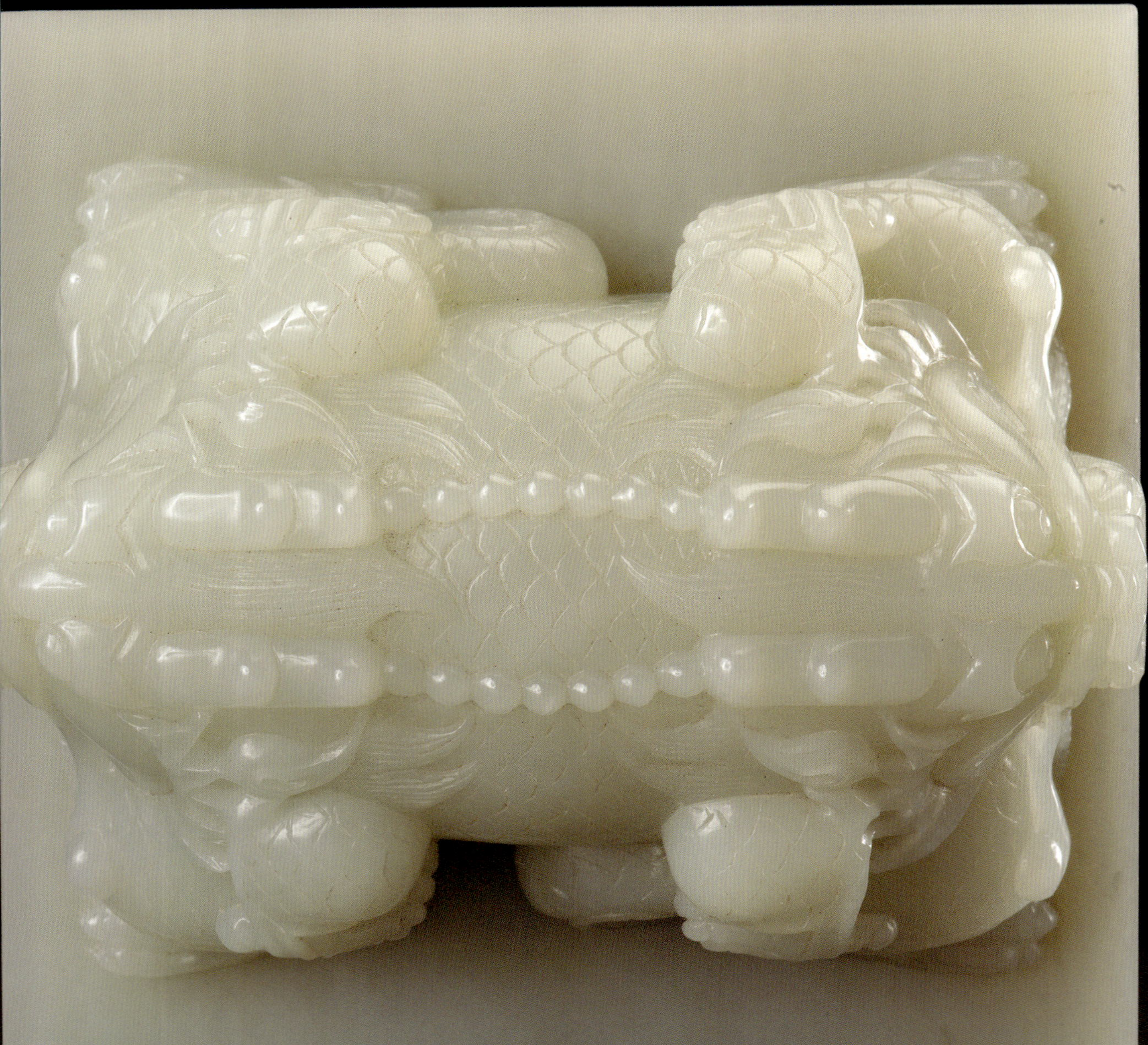

民之所以安者存乎政政
之所以舉者存乎人故宵
衣旰食日有孜孜尤以是
在先務焉念民所苦病者
莫如賦重而刑濫有司過
災侵而不恤巧法侵漁或
惰侈以自耗致民俗之日
偷逐奸利縱淫樂聚徒鬥
狠若是者皆盜賊之源也
爲人君者誠念四海民之
困窮法文王之視
民如傷則必思所
以濟民之
困窮雖不能博施
濟衆而民之困窮
者究不無少救亦可保其
君祿之善終即洪範九五
福考終命豈不壽乎
乾隆甲辰仲夏御筆

五福四德十全之宝

长 13 厘米　宽 13 厘米　高 14 厘米

清　乾隆

『五福』这个名词，原出于《书经》和《洪范》。是古代汉族民间关于幸福观的五条标准。五福的第一福是『长寿』，第二福是『富贵』，第三福是『康宁』，第四福是『好德』，第五福是『善终』。儒家以孝、悌、忠、信为四德，指置善、事长、立爱、结旧四种德行。十全老人是乾隆的自称。乾隆曾自我总结一生有『十全武功』，乾隆帝即位後五十七年（1735 ~ 1792）间在边疆地区建立的十大武功。因作《十全记》以纪其事，自诩为『十全老人』，并镌刻此方五福四德十全老人宝玺，以亦后人，具极高德史料纪念价值。

Description: Seal. Made of jade.

Inscription Transliteration: Wu Fu Si De Shi Quan Zhi Bao

Inscription Translation: Emperor Qianlong's personal seal carved confucian ethics. Five blessing means longevity, ease, wealth,honor and joy. Qianlong called himself as "Shi Quan old man".

Dimensions: Length: 13 centimetres; Width: 13 centimetres; Height: 14 centimetres;

Period: Qianlong (reign); Qing dynasty

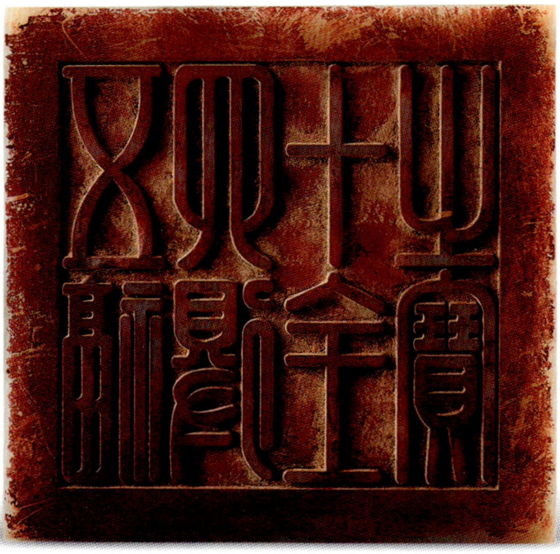

過盡己之職無越思耳
若夫思不出其位則有
二義焉蓋位者職也
爲不越職一爲盡其職
不越職猶易盡其職
難譬之侍郎不思尚書
之職尚書不思大學士
之職易也然平心自問
果各能盡其職哉冢宰
掌邦治統百官均四海
皆其位中之事司徒掌
邦教敷五典擾兆民皆
其位中之事果皆盡職
乎爲人君者協和萬邦
辟門明目實皆
予位
中之事也不能
身體力行兢業惶恐之
不暇尚何敢有出其位
之思哉且出其位亦更
何之乎餘以爲壽富康

皇极殿宝

长 8.5 厘米　宽 8.5 厘米　高 16.5 厘米

清　乾隆

正方印面，蹲龙吐珠纽，玺文朱文四字，钟鼎篆书体。皇极殿本名奉天殿，明永乐十八年（1420 年）建成，明嘉靖四十一年（1562 年）改称皇极殿。清顺治二年（1645 年）改名太和殿。自建成后屡遭焚毁，又多次重建。现在所见为清代康熙三十四年(1695 年)重建后的形制。皇极殿是中国现存最大的木结构大殿。二指宁寿宫区的主体建筑，始建于清康熙二十八年(1689 年)，初名宁寿宫。乾隆三十七年(1772 年)至四十一年(1776 年)改建宁寿宫一区建筑时，将宁寿宫改称为皇极殿，作为乾隆皇帝归政后临朝受贺之所。此宝玺采用优质新疆和田白玉，细工雕琢而成，其玉质温润、凝重、细洁、滑腻，当为不可多得得国之重宝，其收藏价值不可估量！

Description: Seal. Made of Hetian jade.

Inscription Transliteration: Huang Ji Dian Bao

Inscription Translation: A seal was owned by Huang Ji Dian. Imperial Zenith Hall.

Dimensions: Length: 8.5 centimetres; Width: 8.5 centimetres;

Height: 16.5 centimetres;

Period: Qianlong (reign); Qing dynasty

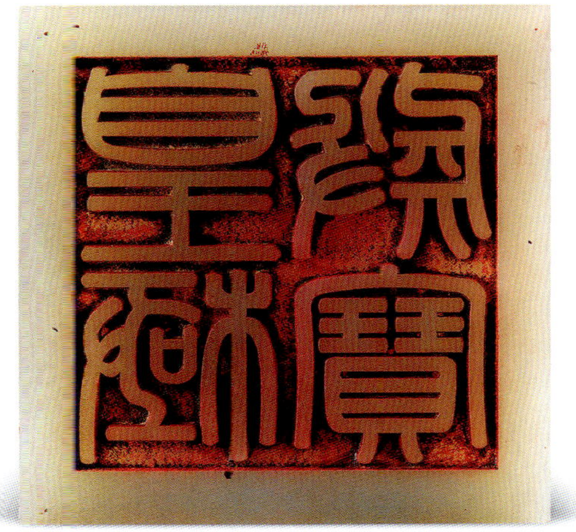

八徵耄念之宝

长 12 厘米　宽 12 厘米　高 11 厘米

清　乾隆

Description: Seal. Made of jade.

Inscription Transliteration: Ba Zheng Mao Nian Zhi Bao

Inscription Translation: Seal of an octogenarian. The seal was carved in celebration of Emperor Qianlong's 80th birthday in 1790.

Dimensions: Length: 12 centimetres; Width: 12 centimetres; Height:11 centimetres;

Period: Qianlong (reign); Qing dynasty

『八征耄念之宝』（亦作『八徵耄念之宝』、『八徵耄念之宝』），清乾隆年间的印玺铭文，是1790年（清乾隆五十五年）乾隆皇帝为纪念在位55年并庆祝80寿辰而特别制作的。『八征』即中国古代思想家列子所称『故、为、得、丧、哀、乐、生、死』，涵括人生一切。乾隆这枚玉玺是他相同印纹玉玺中较大一个，与乾隆70大寿所刻『古稀天子之宝』玉玺一同是乾隆晚年最爱，常用为书画印玺。具有极高的收藏鉴赏和艺术价值。

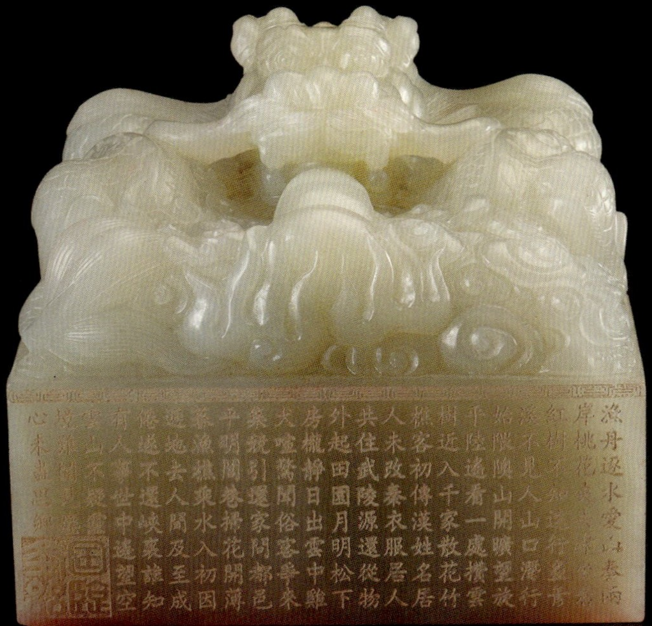

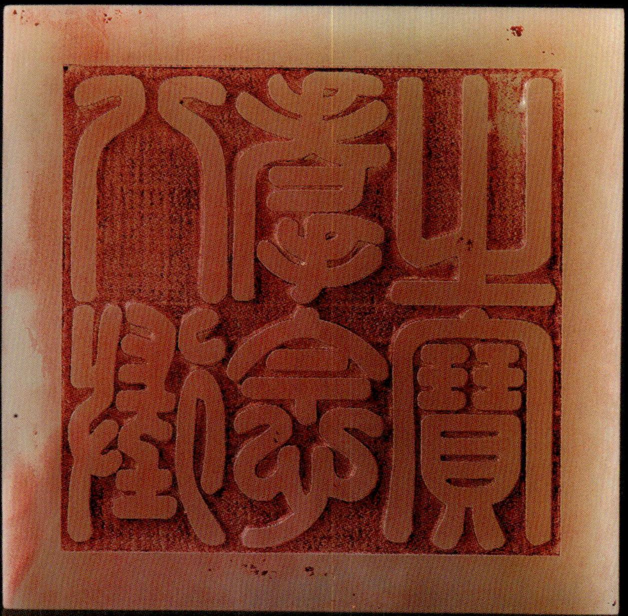

乾隆御笔之宝

长 10 厘米　宽 10 厘米　高 10 厘米

清　乾隆

皇帝收藏、鉴赏、墨宝、题记时用的宝玺，又称闲章，但闲章不闲，在不同时期不同场合和特点的环境下起着与国宝同等重要的作用，此印玺为乾隆帝在书写题记，匾额和重要文书时用，其玉质润泽、细腻、洁白无暇、雕工精湛，足见皇家的气象，为不可多得的古代艺术收藏珍品！

Description: Seal. Made of jade.

Inscription Transliteration: Qian Long Yu Bi Zhi Bao

Inscription Translation: Emperor Qianlong's leisure seal, usually containing an idiom, epigram, motto or quotation from poems. It was used on collections of painting, calligraphy or books.

Dimensions: Length: 10 centimetres; Width: 10 centimetres; Height:10 centimetres;

Period: Qianlong (reign); Qing dynasty

八徵耄念之宝

长 12 厘米　宽 12 厘米　高 11 厘米

清　乾隆

『玺』这个字变得尊贵是在秦朝。秦以前，不管官印、私印，都可以用上这个大名。秦统一六国后，规定只有皇帝的印才能叫『玺』，臣民的只能叫『印』。乾隆帝一生拥有玺印 1800 多方，独冠帝王之首，是他爷爷康熙的 15 倍，是他父亲雍正的 11 倍。乾隆的一方方玺印是他为自己漫长人生路上树立的里程碑，也是他心情的晴雨表。他打了胜仗要制玺纪念，抄录诗作要用玺点缀；70 岁刻『古稀天子』及与之配套使用的『犹日孜孜』，80 岁刻『八徵耄念之宝』及与之相配的『自强不息』，都体现出不服老的劲头；嘉庆二年（1797 年），已经当了太上皇的乾隆，用的一方玺措辞极其直白，上面赫然写着『归政仍训政』，明摆着讲，虽然儿子当皇帝，但大事还得老子说了算。因此这些闲章则是对帝王心思的透视是非常重要的，客观地讲这些闲章的收藏意义远大于印章本身。

Description: Seal. Made of jade.

Inscription Transliteration: Ba Zheng Mao Nian Zhi Bao

Inscription Translation: Seal of an octogenarian. The seal was carved in celebration of Emperor Qianlong's 80th birthday in 1790.
Dimensions: Length: 12 centimetres; Width: 12 centimetres; Height:11 centimetres;
Period: Qianlong (reign); Qing dynasty

雍正尊亲之宝

长 12.5 厘米　宽 12.5 厘米　高 9 厘米

清　雍正

Description: Seal. Made of jade.

Inscription Transliteration: Yong Zheng Zu Qin Zhi Bao

Inscription Translation: Seal for honoring one's parents.

Dimensions: Length: 12.5 centimetres; Width: 12.5 centimetres;

Height: 9 centimetres;

Period: Yongzheng(reign); Qing dynasty

雍正元年（1723 年）8 月 17 日，怡亲王交和田白玉交龙纽印石一方奉旨：镌『雍正尊亲之宝』钦此。本日郎中保德交袁景邵，滕继祖各篆字样二张，呈怡亲王看。王谕：准袁景邵篆的三行样式，但笔画掩草，收拾好再照样镌刻。遵此。于九月十四日将此玉石印章，镌刻『雍正尊亲之宝』完，怡亲王呈进。雍正帝的玺印数量较少，如此国玺流传至今实属不易，对国之文物和民族文化的保护和传承的意义巨大！

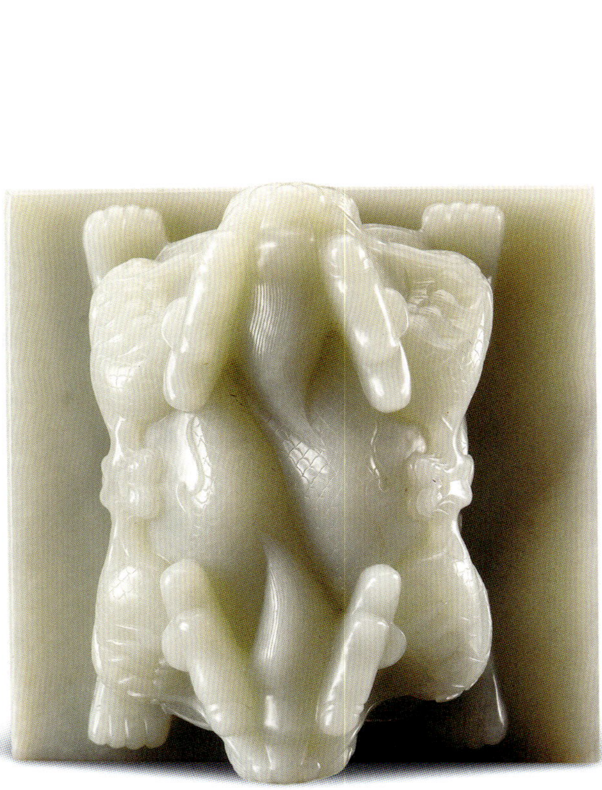

八徵耄念之宝

长13厘米 宽13厘米 高11厘米

清 乾隆

此宝系乾隆皇帝晚年的重要御用玺印——和田碧玉，圆雕交龙纽，正方形。此宝为乾隆帝为庆祝八旬圣寿而特别制作的『八徵耄念之宝』玺，此玉质地温和、细密，其龙纽雕琢技法纯熟，造型端庄大气，极具皇家气度，在私人收藏中有能超过此宝者可谓凤毛麟角，其收藏价值、研究价值、艺术鉴赏价值，将手屈一指！

Description: Seal. Made of Hetian jasper.

Inscription Transliteration: Ba Zheng Mao Nian Zhi Bao

Inscription Translation: Seal of an octogenarian. The seal was carved in celebration of Emperor Qianlong's 80th birthday in 1790.

Dimensions: Length: 13 centimetres; Width: 13 centimetres; Height: 11 centimetres;

Period: Qianlong (reign); Qing dynasty

天恩八旬之宝

长 9.5 厘米　宽 9.5 厘米　高 9 厘米

清　乾隆

交龙钮，印面正方形，汉文篆书『天恩八旬之宝』六字，阳文。乾隆五十五年，正值乾隆帝八十圣寿。乾隆帝曾在不同的场合不只一次地讲到：『三代后帝王年登八十者，惟梁武帝，宋高宗，元世祖三帝，然总未五代同堂。予仰沐天恩，备邀诸福，予幸寿登八秩，身体康健，可符中祀亲祭一周之愿。兹仲春朝日，躬祀成，仰荷天恩，洵为独厚。』认为自己能够寿至八十而五世同堂，完全是上天所佑，上苍所赐，故其御制诗中曾有『天恩沐得八之旬』『天恩八旬寿』之旬，普特制作『天恩八旬之宝』申明此意。此宝是乾隆帝制作的众多关于八旬万寿的宝玺之一，其制作的具体情况在清宫档案中有明确记载。据《内务府造办处活计档》记载：乾隆五十四年『十月十九日，交青玉宝一方，帖『天恩八旬之宝』本文，传旨：发往苏州照本文刻字，要快。钦此。十二月二十四日，苏州送到刻『天恩八旬之宝』青玉宝一方，呈览，奉旨：交懋勤殿讫。』由此可知此玺制作于乾隆五十四年十月至十二月，是由苏州织造完成的。此印玺产生背景脉络清晰，为重要的历史遗存，具极高的史料研究价值。

Description: Seal. Made of jade.

Inscription Transliteration: Tian En Ba Xun Zhi Bao

Inscription Translation: Seal of an octogenarian.

Dimensions: Length: 9.5 centimetres; Width: 9.5 centimetres; Height: 9 centimetres;

Period: Qianlong (reign); Qing dynasty

古稀天子之宝

长10.5厘米　宽10厘米　高11厘米

清　乾隆

此件『古稀天子之宝』就是一件清代乾隆皇帝本人专用的闲章。据史书记载，在乾隆四十五年（1780）乾隆皇帝七十大寿时，工部尚书彭元瑞做了一篇题为《古稀之九颂》的奏折，阿谀奉承乾隆，其中引用了唐朝大诗人杜甫『人生七十古来稀』的诗句，赞颂乾隆皇帝为『古稀天子』。乾隆帝十分欣赏，于是，他自己撰写了一篇《古稀说》，全文共653字，乾隆帝觉得自己能够达古稀之年，成古稀盛世，完全是上天所赐，只有始终勤勉努力，孜孜求治，才能不负上天的恩赐，故令匠人雕制『古稀天子之宝』印玺，另雕制有『犹日孜孜』印玺，并将『犹日孜孜』作为『古稀天子之宝』的副章相配使用。对于乾隆皇帝来说，的确政绩显着，功勋赫赫，而就乾隆的长寿来说，『古稀天子』四字是当之无愧的。这方『古稀天子之宝』玺印全面地反映出在古稀之年这一时段内乾隆帝那种壮志未泯，雄心未已，励精图治而且是相当自负的精神和心理状态。该玉玺保存完整，包浆肥润，无一丝磕碰，是一件难得的玉玺佳品，具有极高的收藏价值。

Description: Seal. Made of jade.

Inscription Transliteration: Gu Xi Tian Zi Zhi Bao

Inscription Translation: Seal of the Son of Heaven at the age of seventy. The seal was carved in celebration of Emperor Qianlong's 70th birthday in 1780.

Dimensions: Length: 10.5 centimetres; Width: 10 centimetres;

Height: 11 centimetres;

Period: Qianlong (reign); Qing dynasty

皇帝亲亲之宝

长 17 厘米　宽 15 厘米　高 13 厘米

清　乾隆

乾隆皇帝博雅好古，印玺也特别多。清人何圣生的《檐醉杂记》载，乾隆十一年的时候，交泰殿里就藏有二十五方印玺，印文和用途各自不同。『皇帝亲亲之宝』就是乾隆二十五方印玺之一，据《交泰殿宝谱》此宝作『以展宗盟』之用。白玉质，交龙纽。此宝当属国之重器，当为无价之宝！

Description: Seal. Made of white jade.

Inscription Transliteration: Huang Di Qin Qin Zhi Bao

Inscription Translation: The Twenty-Five Imperial Seals symbolizing the imperial power were selected by Emperor Qianlong from the seals of successive reigns of the Qing Dynasty in 1746. It's in order to show directly the supremacy of imperial authority.

Dimensions: Length: 17 centimetres; Width: 15 centimetres; Height: 13 centimetres;

Period: Qianlong (reign); Qing dynasty

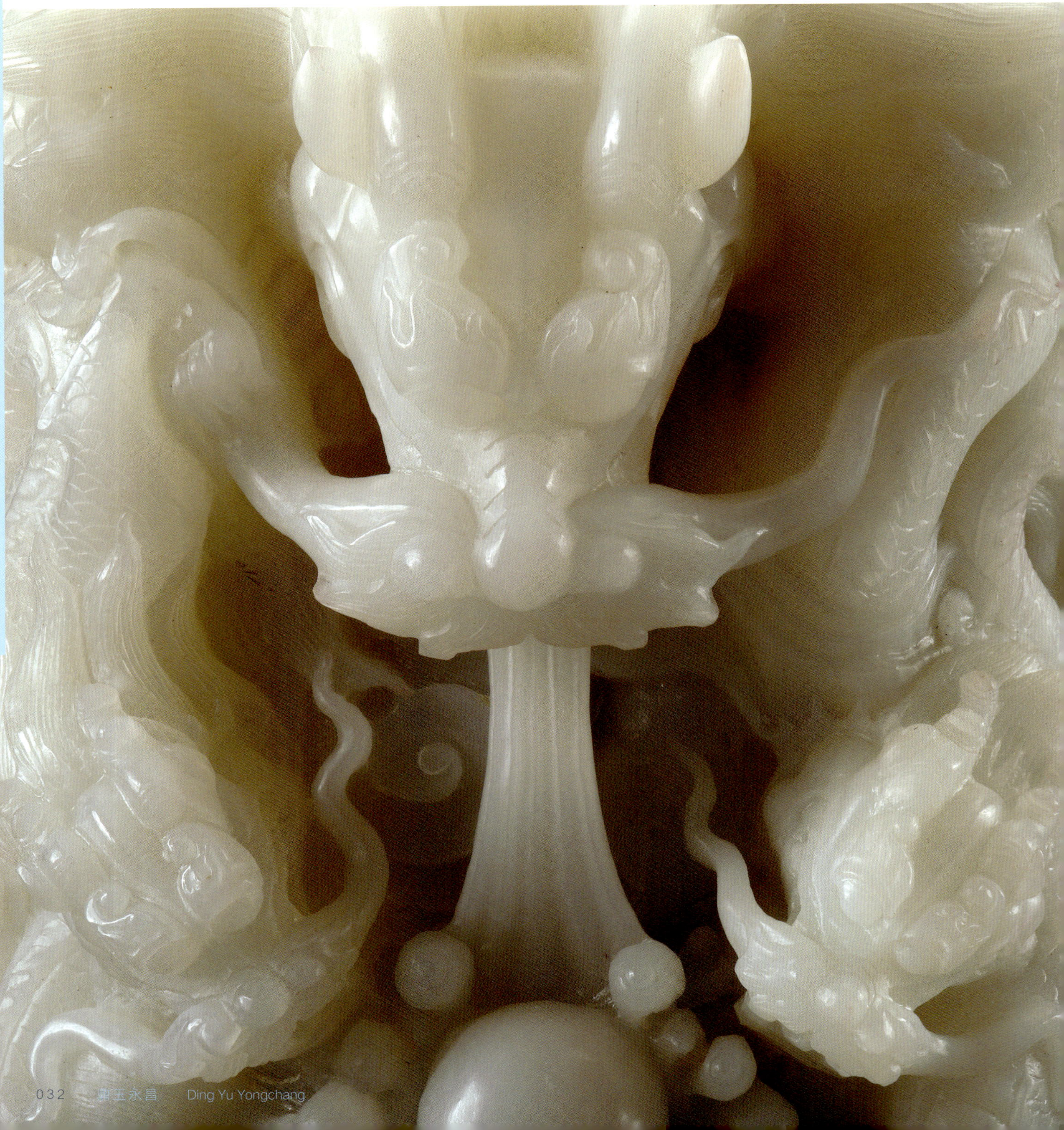

乾清宫宝

长 8.5 厘米　宽 8.5 厘米　高 13.5 厘米

清　乾隆

此宫是皇帝读书，批阅奏折，召见大臣，接见外国使节的重要办公场所，又是举办内廷典礼和家宴的私密会所。顺治，康熙时曾为寝宫。雍正时秘定建储制，设建储匣高置于殿内『正大光明』匾之后，匣内有皇位继承者的姓名，所以乾清宫是紫禁城中最为神秘之所。为此，乾清宫的规格也得到必然的提升，此为乾隆宫殿名玺中较为重要的一枚，其玉料上乘，雕工绝精，为工料俱佳的极珍罕的古代艺术收藏精品。

Description: Seal. Made of jade.

Inscription Transliteration: Qian Qing Gong Bao

Inscription Translation: A seal was owned by Qian Qing Gong. Palace of Heavenly Purity, the place where the emperor lived and handled routine affairs from the Ming to early Qing period.
Dimensions: Length: 8.5 centimetres; Width: 8.5 centimetres;
Height: 13.5 centimetres;
Period: Qianlong (reign); Qing dynasty

皇帝尊亲之宝

长17厘米 宽17厘米 高15厘米

清 乾隆

白玉质，盘龙纽。上皇太后徽号及上尊谥、庙号之用。『宝玺』。我国自秦代时起用玉石镌刻成的印章，凡帝王天子使用的曰国玺，曰御宝，诸侯或官吏们使用的曰印，秩卑者使用的曰铃记，其制度严明，秩序井然。清『二十五宝』，是乾隆皇帝指定的代表国家政权的二十五方御用国宝的总称。古人以天为阳，以地为阴，单数为阳，双数为阴。《周易》里将一三五七九，五个数字相加，即得二十五。《周易大衍》里也有『天数二十有五』之句。乾隆用古人之典来钦定宝玺的数目，以象征自己的王朝能绵延无限。此宝能保存至今弥足珍贵，当为国之重宝。

Description: Seal. Made of jade.

Inscription Transliteration: Huang Di Zun Qin Zhi Bao

Inscription Translation: Seal for honoring one's parents or relatives.

Dimensions: Length: 17 centimetres; Width: 17 centimetres; Height: 15 centimetres

Period: Qianlong (reign); Qing dynasty

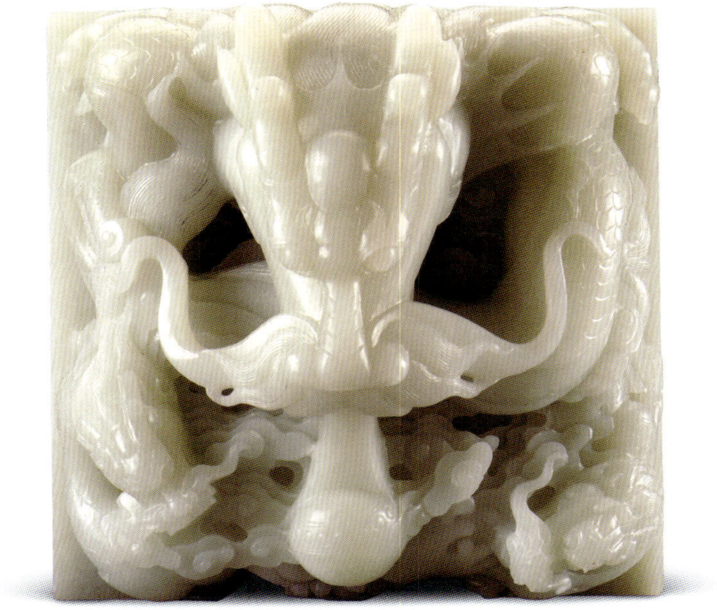

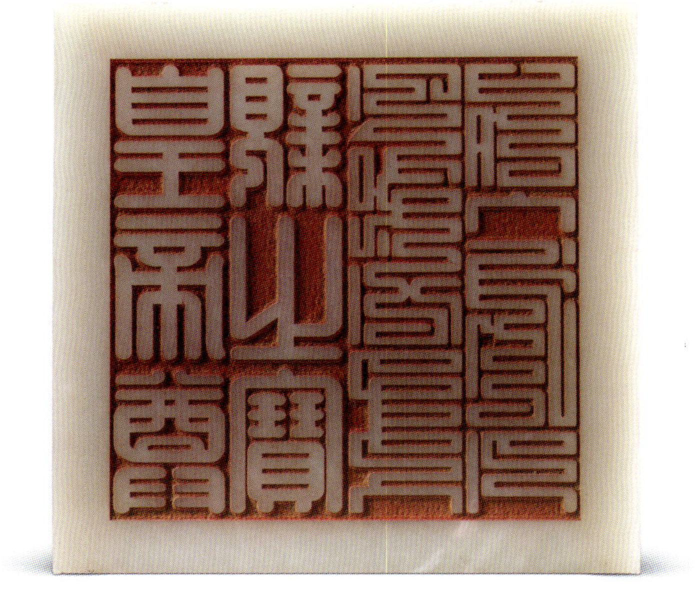

敬天勤民之宝

长 16 厘米　宽 15 厘米　高 14 厘米
清　乾隆

敬天勤民之宝，玺文朱文，玉筋篆，左满文，右汉文。清朝乾隆皇帝博雅好古，印玺也特别多，乾隆钦定有二十五方印玺。清人何圣生的《檐醉杂记》载，乾隆十一年的时候，交泰殿里就藏有二十五方印玺，印文和用途各自不同。『敬天勤民之宝』就是二十五方印玺之一。此玺，看似古朴不华，实则庄重珍贵。就像它的印文『敬天勤民』一样，浅显通俗的背后，实则是无穷的治理智慧。『敬天勤民』不是一句口号，唯有付诸实行，坚持不怠，才能确保统治稳固。这也正是这块宝玺价值不菲的深层原因之所在。

Description: Seal. Made of jade.

Inscription Transliteration: Jing Tian Qin Min Zhi Bao

Inscription Translation: Be diligent in government, love the people

Dimensions: Length: 16 centimetres; Width: 15 centimetres; Height: 14 centimetres;

Period: Qianlong (reign); Qing dynasty

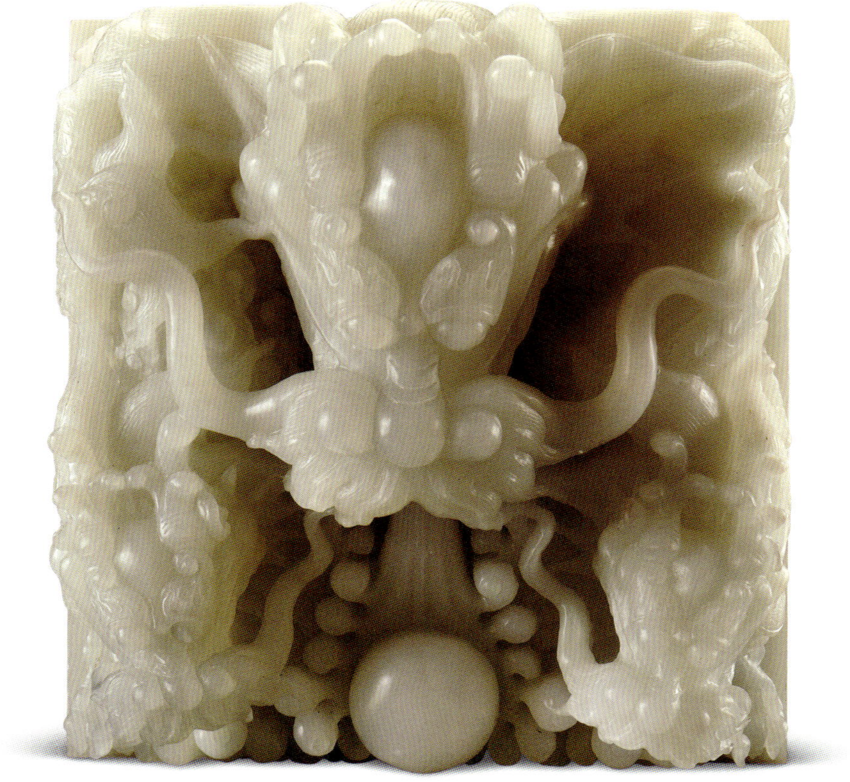

患曰權臣曰外戚曰女
曰宦寺曰奸臣曰倖幸
幸今都無其事非驕也
紀其實且以自勵也然
予遂無過乎曰有爲何
曰爲興工作蓋予承國
百年熙和之會且當勝
二百餘年慶馳之後不
無斁飾壯萬國之觀瞻
十餘年之間次第興舉
若壇廟宮殿京城皇城
城溝渠河道以及部院
署莫不爲之葺其壞新
舊外若海塘河工城郭
堰莫不爲之修其廢舉
湮是皆有關國政則胥
正帑物給價工給值而
興徭役加賦稅以病民
若內而西苑南苑暢春
圓明園以及清漪靜明
宜三園又因預爲菟裘
頤而重新寧壽宮別劍
春園外而盛京之屬城
築其額永陵福陵昭陵
都宮殿胥肯構以輪奐

敬天勤民之宝

长 13.5 厘米　宽 13.5 厘米　高 14 厘米

清　乾隆

康雍乾三帝不仅相继铸造了『敬天勤民』玺用来自警，而且也时刻贯彻到了其治国实践中。嘉庆二年（1797）乾清宫火灾，雍正帝重刻的白玉『敬天勤民』被焚毁。于是乾隆帝又命令重新制作一方，不仅印文一样，同时也将《敬天勤民宝四言诗》原样进行复制，这就是此方『敬天勤民』宝。关于一再复制『敬天勤民』宝的原由，乾隆帝曾有过解释：『皇祖御书钤用诸玺，皇考制箱以藏之，惟留是宝于外以钤用御书。予小子敬遵成典，收藏皇考御宝时亦留是宝于外，常钤用焉。是宝也，经三世而一例宝用，且将垂之奕禩而无穷，岂以追琢其章哉？盖取义有足重耳。』可以说，雍正、乾隆帝之所以一再重镌康熙帝『敬天勤民』玺，更多的是为了继承和发展康熙帝『敬天勤民』的宝贵思想。他们重视的并不是宝玺本身，而是『敬天勤民』四字所蕴含的意义和思想。正如乾隆帝所说：『匪贵其材，实珍其义。』从这个意义上讲，『敬天勤民』不仅是康熙帝的座右铭，也是雍正、乾隆帝的为政之本。宝玺本身的一再复制并不影响我们对其所蕴涵的深刻意义的理解。

Description: Seal. Made of jade.

Inscription Transliteration: Jing Tian Qin Min Zhi Bao

Inscription Translation: Be diligent in government, love the people
Dimensions: Length: 13.5 centimetres; Width: 13.5 centimetres;
Height: 14 centimetres;
Period: Qianlong (reign); Qing dynasty

朗吟阁之宝

长16厘米 宽13.5厘米 高13厘米

清 乾隆

宫殿玺有一个非常有意思的现象，就是宫殿玺里面不单单是一个宫殿，通过宫殿玺的组合可以看出宫殿的环境是什么。再者，宫殿玺种类的多少也能够反映清代土木盛衰的变化。顺治的宫殿玺很少，就是一方『体元斋』玺，到康熙的时候只有几个宫殿玺，雍正的时候就多了，但是大部分都在圆明园里面，表明他与圆明园的密切关系。到乾隆的时候就更多了，三山五园，各个行宫，都有宫殿玺，可以看出他的活动范围相当大，也可以看出土木建设的力度不断加大的趋势。此宝能保存至今弥足珍贵，当为国之重宝。

Description: Seal. Made of jade.

Inscription Transliteration: Lang Yin Ge Zhi Bao

Inscription Translation: An imperial seal inscribed with the name of a hall of the imperial place.

Dimensions: Length: 16 centimetres; Width: 13.5 centimetres; Height: 13 centimetres;

Period: Qianlong (reign); Qing dynasty

治教休明

长13.2厘米 宽7.9厘米 高13厘米

清 乾隆

Description: Seal. Made of jade.

Inscription Transliteration: Zhi Jiao Xiu Ming

Inscription Translation: An imperial seal inscribed with confucian ethics.

Dimensions: Length: 13.2 centimetres; Width: 7.9 centimetres;

Height: 13 centimetres;

Period: Qianlong (reign); Qing dynasty

此玺与『皇帝御笔』、『德日新』为一组相配使用，钤盖御笔，史书之上，乾隆将此文入玺，以明求贤若渴，绥远抚近之心迹。重政绩，指政事与教化。乾隆皇帝有申明大义，招贤纳士，重教安邦的治国理念和哲学思想，是一位敢于改革，创新的封建君主。此玺的文化内涵和艺术品味，是乾隆皇帝众多闲章中出内拔萃的精品之作，值得收藏及鉴赏！

乾隆敕命之宝

长 12.2 厘米　宽 6.8 厘米　高 13.8 厘米

清　乾隆

Description: Seal. Made of jade.

Inscription Transliteration: Qian Long Chi Ming Zhi Bao

Inscription Translation: A kind of Emperor Qianlong's official seal.

Dimensions: Length: 12.2 centimetres; Width: 6.8 centimetres;

Height: 13.8 centimetres;

Period: Qianlong (reign); Qing dynasty

螭纽方形玺，汉文篆。此宝四周浅浮雕夔龙及曲线纹饰，上部雕形态各异的螭龙，其印体和边饰的做法，与雍正元年（1723）刻制的『雍正御笔之宝』如出一辙，可知乾隆帝此宝是利用宫中原存的早期成品刻制的。此宝应专钤于乾隆帝发布的敕书之上，其地位与『二十五宝』之中的『敕命之宝』相同，为乾隆帝诸宝玺中规格较高者。

康熙宸翰

长11厘米　宽11厘米　高12厘米

清　康熙

Description: Seal. Made of jade.

Inscription Transliteration: Kang Xi Chen Han

Inscription Translation: A kind of Emperor Kangxi's official seal.

Dimensions: Length: 11 centimetres; Width: 11 centimetres; Height:12 centimetres;

Period: Kangxi(reign); Qing dynasty

宸翰是指皇帝日理万机，操劳政事。『康熙宸翰』是康熙皇帝办公用的印玺，古时候皇帝常常会刻制『万几宸翰之宝』之类的印玺表示自己勤政。交龙钮，神龙挺胸，龙首微昂，平视前方，圆目张吻，竖角横须，鬃发飞扬，凛然神威。龙身卷曲交缠而龙首相背，龙爪紧爪印面，龙脊微隆，躯干遒劲，蓄势而发，动感十足，威猛张扬。雕琢精细，龙身鳞片刻划一丝不苟，排布整齐。具有极高德艺术收藏和历史研究价值。

戒得堂宝

长 10.4 厘米　宽 10.4 厘米　高 14.1 厘米
清　乾隆

龙纽方形玺，戒得堂位于避暑山庄清舒山馆之左，命名于乾隆四十五年（1780），则知此宝制作于是年或稍后，专门存放在此书堂内。关于戒得堂命名之始末，乾隆帝有《戒得堂记》云：『我皇祖圣寿望七时，尝欲镌通用小玺，命内廷翰林拟文，皆无当圣意者，乃定‘戒之在得’字用之。……然当时圣意引而未发。予今亦届七秩，于元旦试笔，即隐括此语为什。兹驻跸避暑山庄，乃皇祖朝乾夕惕用此玺之处，而予受恩之所也。适作书堂于清舒山馆之左，即以此题额而为记，以阐皇祖之意。曰：帝王之学，与佔毕书生有不同，则所戒亦当各异。未定方刚之戒，兹不复论，兹所戒者，当在得矣。』可知此堂之命名，既有仰体康熙『戒之在得』之训义，也包含乾隆自我鞭策、自我警励的成分。

Description: Seal. Made of jade.

Inscription Transliteration: Jie De Tang Bao

Inscription Translation: An imperial seal inscribed with the name of a temporary dwelling palace. Jie De Tang lacated at Chengde Mountain Resort.

Dimensions: Length: 10.4 centimetres; Width: 10.4 centimetres;

Height: 14.1 centimetres;

Period: Qianlong (reign); Qing dynasty

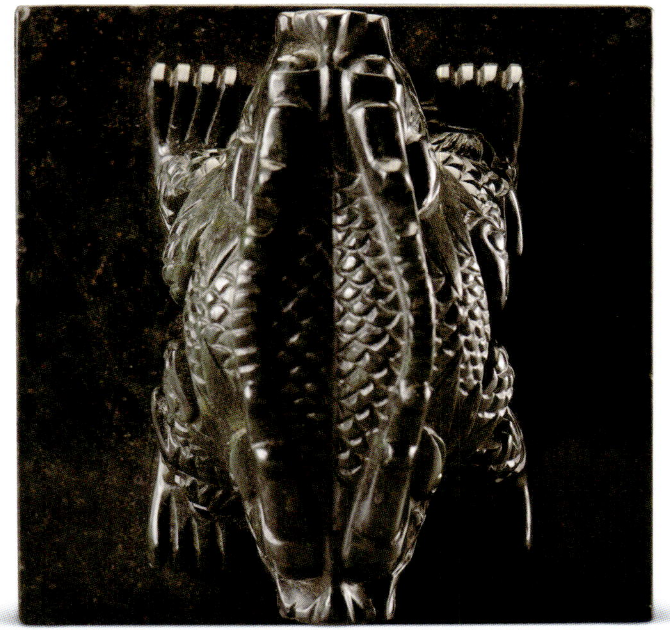

乾隆御览之宝

长10厘米　宽10厘米　高10厘米

清　乾隆

乾隆御览之宝共有8方，乾隆在位时期的第一方皇帝玺印就是乾隆御览之宝，之后陆续镌刻多方，之所以要刻那么多，因为大有用处，乾隆皇帝酷爱收藏及书法题字，他亲自编写了《石渠宝笈》等几部著录，给自己所欣赏的书画作品登记造册，凡收入《石渠宝笈》的作品都盖皇帝御览之宝，如果认为更重要的作品则加盖乾隆之宝，或加盖一个殿名玺，以表现此作品收藏在什么地方，以便查找。此玺保存完好，品相优秀，流传至今难能可贵，实属不易。

Description: Seal. Made of jade.

Inscription Transliteration: Qian Long Yu Lan Zhi Bao

Inscription Translation: Emperor Qianlong's leisure seal, usually containing an idiom, epigram, motto or quotation from poems. It was used on collections of painting, calligraphy or books.

Dimensions: Length: 10 centimetres; Width: 10 centimetres; Height: 10 centimetres;

Period: Qianlong (reign); Qing dynasty

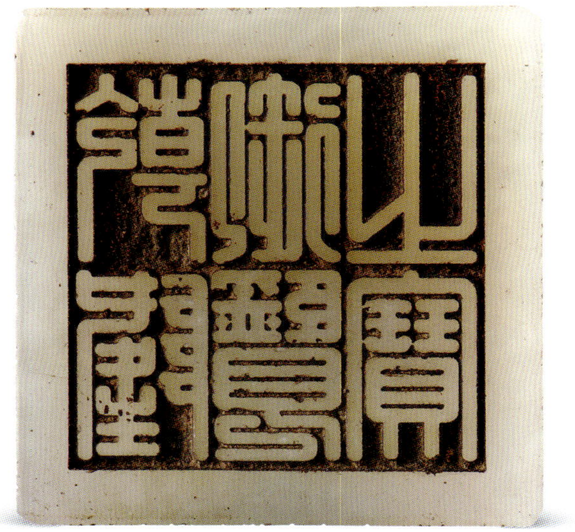

康熙之宝

长 11 厘米　宽 11 厘米　高 12 厘米

清　康熙

水晶材质，洁白细腻，温润典雅，包浆古朴。印章上方圆雕盘龙形钮，龙首高昂，龙目圆睁，龙发飘逸，龙形健硕，龙爪锋利，身旁有祥云缭绕。龙身上细致雕琢鳞片，排列整齐有序，繁密不乱。端庄典雅，彰显皇家风范。此玺当属康熙帝王玺印中的姣姣者，其收藏价值和收藏意义巨大！

Description: Seal. Made of jade.

Inscription Transliteration: Kang Xi Zhi Bao

Inscription Translation: Emperor Kangxi's personal seal.

Dimensions: Length: 11 centimetres; Width: 11 centimetres; Height: 12 centimetres;

Period: Kangxi (reign); Qing dynasty

大清乾隆御用寶璽

懋勤殿宝

长 15 厘米　宽 14 厘米　高 13 厘米

清　乾隆

Description: Seal. Made of jade.

Inscription Transliteration: Mao Qin Dian Bao

Inscription Translation: An imperial seal inscribed with the name of a hall of the imperial place. Hall of Industrious Energy; originally used as a study by the emperor Kangxi, afterwards occupied by those members of the Hanlin Academy who had secretarial duties at court.

Dimensions: Length: 15 centimetres; Width: 14 centimetres; Height: 13 centimetres;

Period: Qianlong (reign); Qing dynasty

懋勤殿宝。此殿位于乾清宫西侧，明代用于藏贮书史。清代为翰林侍值处，凡图书笔墨文房四宝皆贮于此。康熙曾在此殿讲过《易经》，雍正在此阅过殿试卷子，乾隆在此查阅库存旧物，发现文天祥所藏端砚『玉带生』如获至宝。嘉庆时内府书画鉴定之后，皆到此殿钤宝。在清代帝后宝玺中，除国宝之外，所占比重最多的是皇帝们钤诸御笔书画上种类繁多的闲章。这些闲章从内容上可分为五类，此宝属第二类是刻有宫、殿、楼、堂、斋、馆、阁、院等名字的印章，是为宫殿名玺。其收藏价值，研究，史料价值不可估量。

长春书屋玺

长8.5厘米 宽8.5厘米 高8厘米

清 乾隆

此玺为乾隆帝的闲章。乾隆帝为皇子时，雍正帝赏赐其长春仙馆，并赐号长春居士，故以后所御书屋，多以长春命名。以『长春书屋』命名的书屋在圆明园、宫内和避暑山庄都有，是乾隆帝重要的文事活动场所。此玺在乾隆闲章里属重宝之列，极具收藏价值。

Description: Seal. Made of jade.

Inscription Transliteration: Chang Chun Shu Wu Xi

Inscription Translation: Library of the Everlasting Spring. An imperial seal inscribed with the name of a hall of the imperial place.

Dimensions: Length: 8.5 centimetres; Width: 8.5 centimetres; Height: 8 centimetres;

Period: Qianlong (reign); Qing dynasty

乾隆御览之宝

长 7.5 厘米　宽 7.5 厘米　高 15 厘米

清　乾隆

乾隆御览之宝共有8方，乾隆在位时期的第一方皇帝玺印就是乾隆御览之宝，之后陆续镌刻多方，之所以要刻那么多，因为大有用处，乾隆皇帝酷爱收藏及书法题字，他亲自编写了《石渠宝笈》等几部著录，给自己所欣赏的书画作品登记造册，凡收入《石渠宝笈》的作品都盖皇帝御览之宝，如果认为更重要的作品则加盖乾隆之宝，或加盖一个殿名玺，以表现此作品收藏在什么地方，以便查找。此玺保存完好，品相优秀，流传至今难能可贵，实属不易。

Description: Seal. Made of jade.

Inscription Transliteration: Qian Long Yu Lan Zhi Bao

Inscription Translation: Emperor Qianlong's leisure seal, usually containing an idiom, epigram, motto or quotation from poems. It was used on collections of painting, calligraphy or books.
Dimensions: Length: 7.5 centimetres; Width: 7.5 centimetres;
Height: 15 centimetres;
Period: Qianlong (reign); Qing dynasty

太极殿宝

长 13.6 厘米　高 12 厘米

清　乾隆

太极殿，此殿在明代早期先叫未央宫，嘉靖时改为启祥宫，清代才改名为太极殿。此玺选用优质新疆和田青白玉料，精琢细雕而成，属乾隆皇帝闲章精品之作，其收藏价值之高，增值空间之大，不可小觑。

Description: Seal. Made of Hetian jade.

Inscription Transliteration: Tai Ji Dian Bao

Inscription Translation: An imperial seal inscribed with the name of a hall of the imperial place. Hall of the Ultimate Principle; built in 1420 and rebuilt in 1683; also where the empresses and imperial concubinesof the Ming and Qing periods lived.

Dimensions: Length: 13.6 centimetres; Height: 12 centimetres;

Period: Qianlong (reign); Qing dynasty

符望阁宝

长9.5厘米　宽9.5厘米　高13厘米

清　乾隆

符望阁宝。符望阁位于宁寿宫西路花园内，四面进深均为5间，楼3层，是此园最高亭式建筑。乾隆间每岁腊月二十一日在此赏饭，入座者：御前大臣、御前行走、蒙古王公贝勒等。此玺和田白玉质，交龙纽，制印严谨，结构规范，艺术水平极高，不失为帝王专属御宝，绝非民间普通者所为，收藏前景不可估量。

Description: Seal. Made of jade.

Inscription Transliteration: Fu Wang Ge Bao

Inscription Translation: An imperial seal inscribed with the name of a hall of the imperial place. Fu Wang Ge, pavilion of the Anticipation of Good Fortune.

Dimensions: Length: 9.5 centimetres; Width: 9.5 centimetres; Height: 13 centimetres;

Period: Qianlong (reign); Qing dynasty

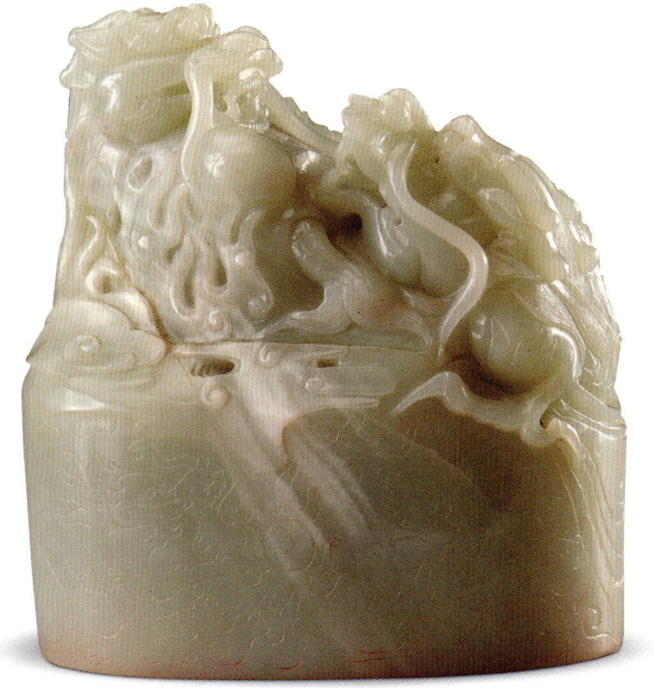

尊祖敬天之宝

长12厘米　高14厘米

清　乾隆

Description: Seal. Made of jade.

Inscription Transliteration: Zun Zu Jing Tian Zhi Bao

Inscription Translation: An imperial seal engraved with propitious sayings for sacrificial ceremonies.

Dimensions: Length: 12 centimetres; Height: 14 centimetres;

Period: Qianlong (reign); Qing dynasty

敬天祭祖，尊祖重孝是我们中华民族的传统，《说文解字》里头，解释宗（祖宗的宗），它说：『尊也，祖庙也，从宝盖，从示。』段注曰：『尊莫尊于祖庙，故谓之宗庙。宗，从宝盖，从示，示谓神也，宝盖谓屋也。』可见尊祖与庙祭有关，古人是通过宗庙之祭来寄托孝思。此印为清初帝王雍正皇帝敬天祭祖，举行礼仪时使用之印章，料精工绝，流传至今极为罕见，极具收藏及艺术价值。

皇帝奉天之宝

高8厘米
清 乾隆

清二十五宝之一，排序第二。我国自秦代时起用玉石镌刻成的印章，凡帝王天子使用的曰国玺，曰御宝，诸侯或官吏们使用的曰印，秩卑者使用的曰铃记，其制度严明，秩序井然。制度规定其『以章奉若』，即表明清代统治是奉天命而行的。玺文朱文，玉箸篆，左满文本字，右汉文。具有重要的史料研究价值和实物佐证。

Description: Seal. Made of jade.

Inscription Transliteration: Huang Di Feng Tian Zhi Bao

Inscription Translation: One of the Twenty-Five Imperial Seals symbolizing the imperial power were selected by Emperor Qianlong from the seals of successive reigns of the Qing Dynasty in 1746. It's in order to show directly the supremacy of imperial authority.

Dimensions: Height: 8 centimetres;

Period: Qianlong (reign); Qing dynasty

盡己之謂忠
己之謂恕斯
語也學者以
修身而有國
下之責者以
治國平天下
治國平天下
有別術哉亦
盡己推己而
人君畏天當
畏民畏民莫
安民而安民
在愛民其道
矣豈語言所

继德堂宝

高6.5厘米

清 乾隆

继德堂，是康熙年间特为皇太子允礽所建，后作为皇子居所。乾隆皇帝12岁到17岁间一直居于此宫。嘉庆皇帝5岁时曾与兄弟子侄等人居于此宫，后迁往撷芳殿，乾隆六十年（1795年）即位后又迁回毓庆宫。同治、光绪两朝，此宫均作为皇帝读书处，光绪皇帝曾在此居住。此宝选用优质和田青白玉精雕细琢而成，构思新颖巧妙，在帝王闲章中可谓不多见，实属珍罕。

Description: Seal. Made of jade.

Inscription Transliteration: Ji De Tang Bao

Inscription Translation: An imperial seal inscribed with the name of a hall of the imperial place. Prince palace.

Dimensions: Height: 6.5 centimetres;

Period: Qianlong (reign); Qing dynasty

皇帝奉天之宝

高9厘米
清 乾隆

清二十五宝之一，排序第二。我国自秦代时起用玉石镌刻成的印章，凡帝王天子使用的曰国玺，曰御宝，诸侯或官吏们使用的曰印，秩卑者使用的曰铃记，其制度严明，秩序井然。制度规定其『以章奉若』，即表明清代统治是奉天命而行的。玺文朱文，玉筯篆，左满文本字，右汉文。具有重要的史料研究价值和实物佐证。

Description: Seal. Made of jade.

Inscription Transliteration: Huang Di Feng Tian Zhi Bao

Inscription Translation: One of the Twenty-Five Imperial Seals symbolizing the imperial power were selected by Emperor Qianlong from the seals of successive reigns of the Qing Dynasty in 1746. It's in order to show directly the supremacy of imperial authority. It was used when displaying the emperor's respect and obedience to heaven.
Dimensions: Height: 9centimetres;
Period: Qianlong (reign); Qing dynasty

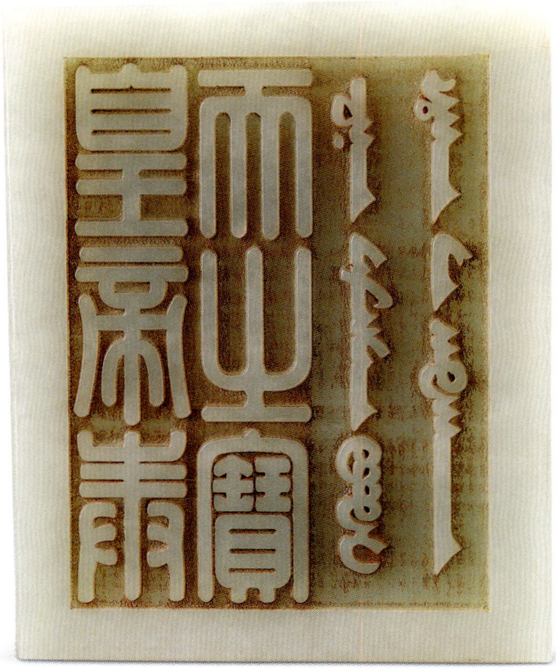

敕正万邦之宝

长 11.5 厘米　宽 11.5 厘米　高 9.5 厘米

清　乾隆

敕正万邦之宝，清二十五宝之一，交龙纽。据《交泰殿宝谱》，此宝作『以诰外国』之用。玺文朱文，玉筋篆，左满文，右汉文。制度规定其『以诰外国』，对外国使臣回书，对属国或少数民族政权回文时，即钤此宝。流传至今实属罕见，当为不可多的重要收藏珍品。

Description: Seal. Made of jade.

Inscription Transliteration: Chi Zheng Wan Bang Zhi Bao

Inscription Translation: One of the Twenty-Five Imperial Seals symbolizing the imperial power were selected by Emperor Qianlong from the seals of successive reigns of the Qing Dynasty in 1745. It's in order to show directly the supremacy of imperial authority. It was used when displaying the emperor's respect and obedience to heaven.

Dimensions: Length: 11.5 centimetres; Width: 11.5 centimetres;

Height: 5.5 centimetres;

Period: Qianlong (reign); Qing dynasty

Description: Seal. Made of jade

Inscription Transliteration: Xun Shou Tian Xia Zhi Bao

Inscription Translation: One of the Twenty-Five Imperial Seals symbolizing the imperial power were selected by Emperor Qianlong from the seals of successive reigns of the Qing Dynasty in 1746. It's in order to show directly the supremacy of imperial authority.

Dimensions: Height: 15 centimetres;

Period: Qianlong (reign); Qing dynasty

巡守天下之宝

高15厘米

清 乾隆

我国自秦代时起用玉石镌刻成的印章，凡帝王天子使用的曰国玺，曰御宝，诸侯或官吏们使用的曰印，秩卑者使用的曰钤记，其制度严明，秩序井然。清『二十五宝』，是乾隆皇帝指定的代表国家政权的二十五方御用国宝的总称。古人以天为阳，以地为阴，单数为阳，双数为阴。《周易》里将一三五七九，五个数字相加，即得二十五。《周易大衍》里也有『天数二十有五』之句。乾隆用古人之典实数合宝玺的数目，以象征自己的王朝世系延长。此宝用料考究，做工精绝，规制严谨，足显皇家之风范。

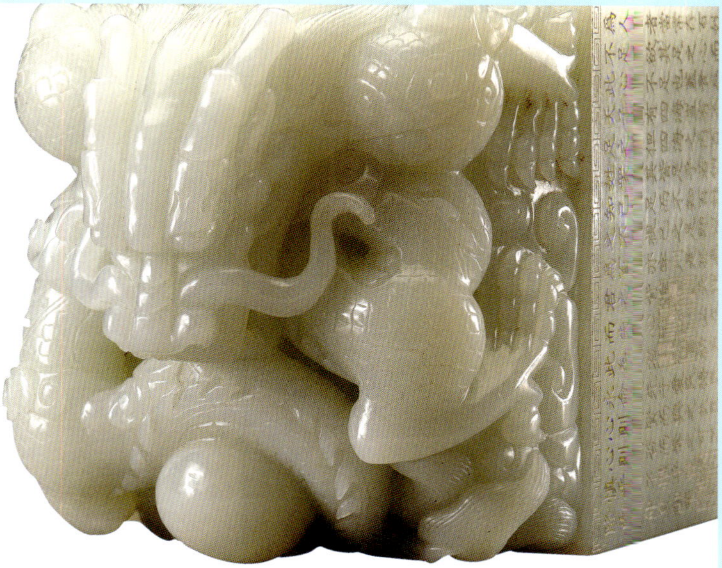

三希堂精鉴玺

长 13.5 厘米　宽 8 厘米　高 10 厘米

清　乾隆

Description: Seal. Made of jade.

Inscription Transliteration: San Xi Tang Jing Jian Xi

Inscription Translation: Appreciation seal of Three Rarities Study

Dimensions: Length: 13.5 centimetres; Width: 8 centimetres; Height: 10 centimetres;

Period: Qianlong (reign); Qing dynasty

组玺，两方一组，另一方为宜子孙合用，是清乾隆皇帝鉴赏古代书画精品时钤盖后并载入《石渠宝笈》，为清点整理清宫书画、旧藏和当代的清宫流散文物的回归起到了鉴别和认证的重要作用，这也是乾隆皇帝在民族文化的传承上起到了历史性的作用，为后人留下了宝贵的文化财富，功不可没。鉴于三希堂精鉴玺承载的重大的文化内涵和历史作用，其印玺本身的知名度得以大大的提升，当为世人皆知，并举足轻重。其收藏价值和经济价值不可估量。

养心殿宝

长 14 厘米　高 7 厘米
清　乾隆

养心殿位于后三宫西面，西六宫的南端，明代和清初都是皇帝活动的重要场所。康熙帝崩逝后，雍正帝在养心殿为其守孝，礼成后再未迁回乾清宫，而是以养心殿为皇帝寝宫，从此直到宣统帝，清朝共有八位皇帝居住于养心殿，使这里成为皇帝处理日常政务、召见臣工和寝兴之所。其东暖阁曾是慈安太后和慈禧太后垂帘听政的地方。同样是在这里，宣统帝秉承隆裕皇太后的旨意，宣布退位，结束了清王朝的统治。

Description: Seal. Made of jade.

Inscription Transliteration: Yang Xin Dian Bao

Inscription Translation: An imperial seal inscribed with the name of a hall of the imperial place. Hall of Mental Cultivation, built in 1537 and repaired during the Qing Emperor Yongzheng's reign; in the 200 years from the Yongzheng period to the end of the Qing rule, the emperor mostly lived and handled routine affairs here; the eastern room was where Empress Dowager Cixi took charge of state affairs "behind a screen".

Dimensions: Length: 14 centimetres; Height: 7 centimetres;

Period: Qianlong (reign); Qing dynasty

信天主人玺

长 12 厘米　宽 9.5 厘米　高 13.5 厘米

清　乾隆

『信天主人』是乾隆皇帝其中的一个名号，取其『顺天者昌，逆天者亡』之意。其制作于乾隆五十一年（1786年），与乾隆前期平定准噶尔和回部叛乱，巩固西北边疆的重大历史事件有密切关系。透过这方『信天主人』宝玺，可感受到二百年前的乾隆皇帝，为维护国家统一，巩固西北边疆所作出的努力和取得的成就。如果将此玺制作的过程放在整个清朝历史进程中加以考察，其价值也是不言而喻的。

Description: Seal. Made of jade.

Inscription Transliteration: Xin Tian Zhu Ren X

Inscription Translation: An imperial seal engraved with personal name. Emperor Qianlong called himself as a master of the heaven.

Dimensions: Length: 12 centimetres; Width: 9.5 centimetres;
Height: 1[illegible].5 centimetres;
Period: Qianlong (reign); Qing dynasty

三无九有玺

长 12 厘米　宽 9.5 厘米　高 13.5 厘米
清　乾隆

此玺用和田白玉精雕而成，字体规整硬朗，雕琢深刻有力，为古代印鉴的上乘之作。『三无』语出《礼记》（孔子曰：无声之乐，无体之礼，无服之丧，此之谓三无。）具体而言就是（夙夜其命宥密，无声之乐也；威仪逮逮不可迭也，无体之礼也；凡有有丧，匍匐救之，无服之丧也）。强调的是礼仪的教化作用。『九有』指九州，也就是国家的代名词。『三无九有』意为用三无之盛德治理国家天下，表明了康熙帝的治国思想。而『日镜云伸』意为日出云散，天青气朗，暗寓国家天下政治清明，这也是康熙帝所追求的人生和政治境界。可以说，两玺真实地反映出康熙皇帝的思想和追求。

Description: Seal. Made of Hetian jade.

Inscription Transliteration: San Wu Jiu You Xi

Inscription Translation: An imperial seal inscribed with confucian ethics.
Dimensions: Length: 12 centimetres; Width: 9.5 centimetres;
Height: 13.5 centimetres;
Period: Qianlong (reign); Qing dynasty

同道堂

清 咸丰

长8厘米 宽7厘米 高13.5厘米

字体遒劲有力，笔道宽大，深刻，为咸丰御用闲章，咸丰十一年（1861）七月，咸丰帝病逝于热河避暑山庄，临终前遗诏立六岁的载淳为皇太子，任命载垣、端华、肃顺等8人为赞襄政务大臣，辅佐嗣皇帝处理政务。同时将『同道堂』、『御赏』两方小玺分别赐给载淳和皇后纽祜禄氏，并规定凡以后下发谕旨必须钤用此二玺为凭。据《热河密札》记载：『两玺均大行所赐，母后用「御赏」玺，上用「同道堂」玺，凡应朱笔处用此代之，述旨亦均用之，以杜弊端。』由于载淳年幼，『同道堂』玺便被其生母慈禧太后控制，代子钤印，从而取得了干预朝政的权力。

Description: Seal. Made of jade.

Inscription Transliteration: Tong Dao Tang

Inscription Translation: Emperor Xianfeng's leisure seal.
Dimensions: Length: 8 centimetres; Width: 7 centimetres;
Height: 3.5 centimetres;
Period: Xianfeng (reign); Qing dynasty

大清帝国皇帝之宝

长11.6厘米　宽11.6厘米　高13厘米

清

光绪末年到宣统年间，新政与立宪成为国家政局的一大至要。为了挽救清朝之颓势，自光绪二十七年（1901年）始，清政府陆续推行了以改革军制、整饬吏治、奖励实业、兴办教育为主要内容的『新政』。光绪三十四年（1908年）颁布《钦定宪法大纲》，明定以9年为立宪的预备期限。《钦定宪法大纲》规定：『大清皇帝统治大清帝国，万世一系，永永尊戴。』在以后的宣统三年中，围绕着君主立宪体制进行了一系列制度的转化，这其中当然也包括国宝制度的改革。此玺制作的年代应当在光绪末宣统初年，应该钤用于新政或立宪后向中外颁发的文书上，但迄今为止还未发现钤用以上诸宝的文件。也可能是预先制作，还没有来得及使用，预备立宪便宣告破产，这些御宝也就束之高阁了。在这里也可以将它列入清代国宝的范围。

Description: Seal. Made of jade.

Inscription Transliteration: Da Qing Di Guo Huang DI Zhi Bao

Inscription Translation: The formal seal of a state; the sea; used as the emblem of the imperial power.

Dimensions: Length: 11.6 centimetres; Width: 11.6 centimetres;

Height: 13 centimetres;

Period: Qing dynasty

三希堂

长17厘米 高11厘米

清 乾隆

三希堂，古时是清高宗弘历即乾隆帝的书房。『三希』即『士希贤，贤希圣，圣希天』，士人希望成为贤人，贤人希望成为圣人，圣人希望成为知天之人，也就是鼓励自己不懈追求，勤奋自勉。此玺朱文，字体为钟鼎篆，为上等和田青白玉质，字体遒劲有力，两侧镌刻两条升龙，为乾隆皇帝重要闲章之一，流传至今极为罕见。

Description: Seal. Made of jade.

Inscription Transliteration: San Xi Tang

Inscription Translation: Room of three rarities

Dimensions: Length: 17 centimetres; Height: 11 centimetres;

Period: Qianlong (reign); Qing dynasty

为君难

长14厘米 高11厘米

清 雍正

雕工特殊的『为君难』长方印，语出《论语·子路》：『为君难，为臣不易』。『为君难』三字是雍正登基之初的内心写照，即位元年就着御书『为君难』匾额于其养心殿内，又刻制多方『为君难』印玺，钤于书画起首处，作为警惕自勉。对雍正而言，为君之难在于『用人难』、『理财难』以及最重要的『无私之难』。

Description: Seal. Made of jade.

Inscription Transliteration: Wei Jun Nan

Inscription Translation: Emperor Yongzheng's leisure seal inscribed with confucian ethics.

Dimensions: Length: 14 centimetres; Height: 11 centimetres;

Period: Yongzheng (reign); Qing dynasty

扶寿满规

长5.5厘米　宽5.5厘米　高8厘米
清　乾隆

阳文深刻，四字汉篆书体，笔划粗大，遒劲有力，为不可多得的优秀印玺。在清代帝后宝玺中，除国宝之外，所占比重最多的是皇帝钤诸御笔书画上种类繁多的闲章，这些闲章从内容上可分五类，第一种是年号玺。凡是皇子即帝位后，都要刻一套年号玺，一般包括『某某之宝』、『某某御览之宝』、『某某御笔之宝』、『某某鉴赏』、『某某宸翰』等。而王子登基前的印章，如雍正帝的『皇四子和硕雍亲王章』乾隆的『宝亲王宝』等也附于此类。第二种是刻有宫、殿、楼、堂、斋、馆、阁、院等名字的印章，是为宫殿名玺。第三种是鉴藏玺。第四种是嘉言诗词玺。此类玺印包括帝王告戒自已的箴言警句，摘取古人诗词佳句以及帝王自已的御制诗文等。此类玺印最能反映帝王心境与生活情趣；第五种是花押玺。此宝当属上述第四种。

Description: Seal. Made of jade.

Inscription Transliteration: Fu Shou Man Gui

Inscription Translation: Emperor Qianlong's leisure seal inscribed with propitious sayings.
Dimensions: Length: 5.5 centimetres; Width: 5.5 centimetres; Height: 8 centimetres;
Period: Qianlong (reign); Qing dynasty

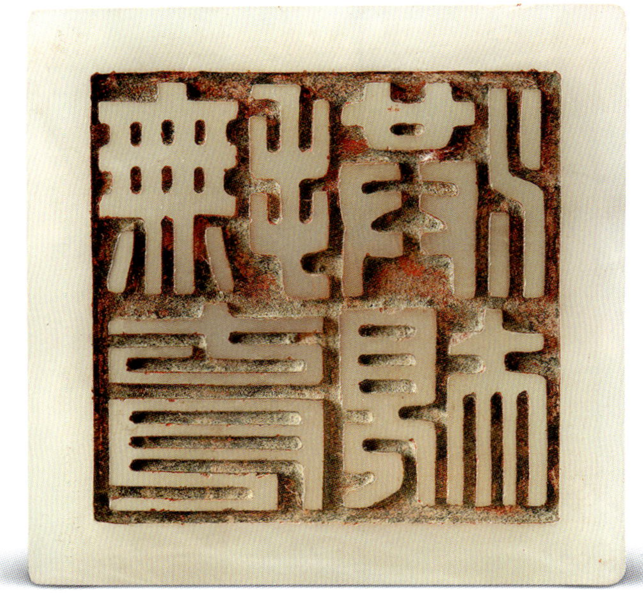

白玉守卫腰牌

高 14 厘米
清

Description: Waist warrant, Made of white jade.

Dimensions: Height: 14 centimetres;
Period: Qing dynasty

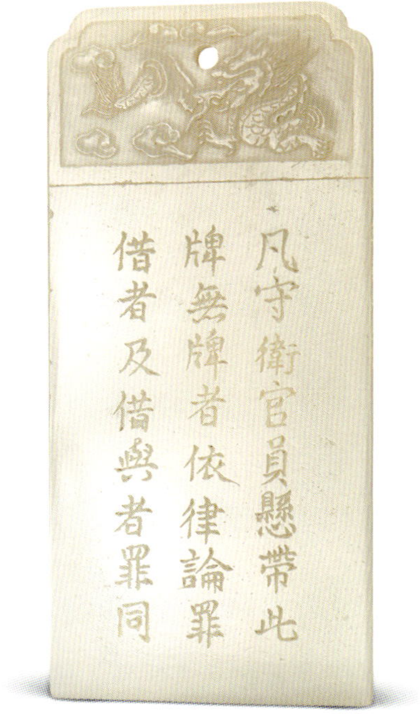

此白玉腰牌，上首开光内浮雕跑龙纹，正面篆书阳刻守卫二字，另有铜牌背铸『凡守卫官宣悬带此牌，无牌者依律论罪，借者及借与者罪同』证明此牌当为清卫内庭侍卫佩戴使用。此白玉牌实属清代当朝之侍卫专用品，规格之高，做工之精，无以言表，经数百年流传至今极为珍罕。

乾隆御笔之宝

乾隆御览之宝　乾隆御赏之宝

高6厘米
清　乾隆

Description: Seal. Made of jade.

Inscription Transliteration: Qian Long Yu Bi Zhi Bao; Qian Long Yu Lan Zhi Bao, Qian Long Yu Shang Zhi Bao

Inscription Translation: Emperor Qianlong's leisure seal used on collections of painting, calligraphy or books.
Dimensions: Height: 6 centimetres;
Period: Qianlong (reign); Qing dynasty

皇帝收藏、鉴赏、墨宝、题记时用的宝玺，又称闲章，但闲章不闲，在不同时期吧、不同场合和特点的环境下起着与国宝同等重要的作用，此印玺为乾隆帝在书写题记，匾额和重要文书时用，其玉质润泽、细腻、洁白无暇、雕工精湛，足见皇家的气象，为不可多得的古代艺术收藏珍品！

另外值得一提的是，在清代，『御览之宝』主要是鉴赏用印，但也不绝对。乾隆鉴赏后往往加盖 乾隆御赏之宝。

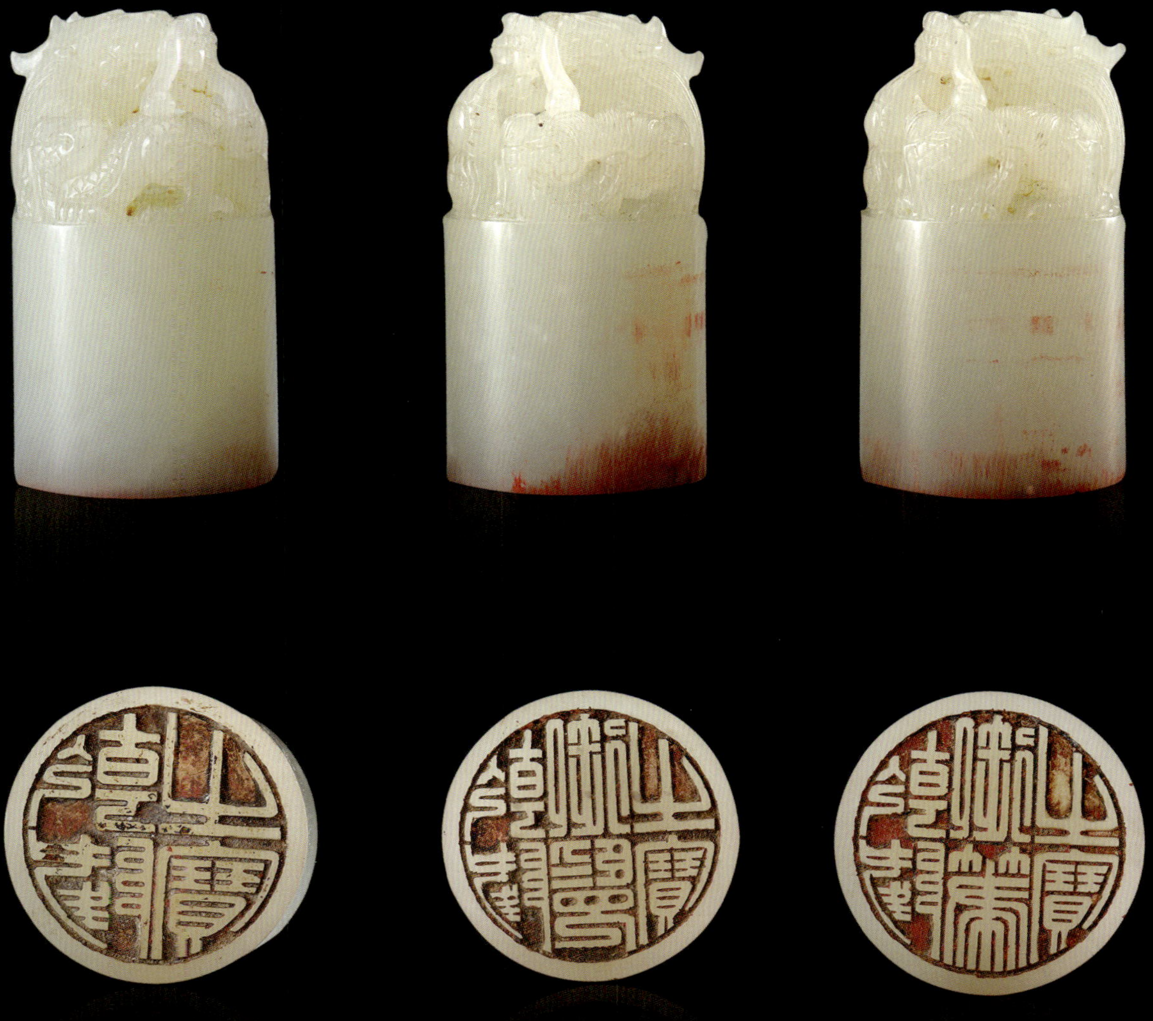

养心殿位于后三宫西面，西六宫的南端，明代和清初都是皇帝活动的重要场所。康熙帝崩逝后，雍正帝在养心殿为其守孝，礼成后再未迁回乾清宫，而是以养心殿为皇帝寝宫，从此直到宣统帝，清朝共有八位皇帝居住于养心殿，使这里成为皇帝处理日常政务、召见臣工和寝兴之所。其东暖阁曾是慈安太后和慈禧太后垂帘听政的地方。同样是在这里，宣统帝秉承隆裕皇太后的旨意，宣布退位，结束了清王朝的统治。

养心殿印

长9.9厘米 宽9厘米 高17.8厘米

清 乾隆

Description: Seal. Made of jade.

Inscription Transliteration: Yang Xin Dian Yin

Inscription Translation: An imperial seal inscribed with the name of a hall of the imperial place. Hall of Mental Cultivation, built in 1537 and repaired during the Qing Emperor Yongzheng's reign; in the 200 years from the Yongzheng period to the end of the Qing rule, the emperor mostly lived and handled routine affairs here; the eastern room was where Empress Dowager Cixi took charge of state affairs "behind a screen".

Dimensions: Length: 9.9 centimetres; Width: 9 centimetres;

Height: 17.8 centimetres;

Period: Qianlong (reign); Qing dynasty

为彰显帝王尊贵身份更以和田白玉中最好材料最精湛工法雕刻而成，清朝规定：『凡大典宣示百寮，则有制辞。大政事，布告臣民，垂示彝宪，则有诏，有诰。』以上文书一旦经皇帝批准向外发布都须经过用宝的程序。《大清会典》中详细记载了须钤用御宝的各种情况：凡加上尊号、徽号，册立皇后、皇太子，册封皇贵妃、贵妃、妃、嫔……其应给纸册诰命，中书科缮写，送阁用宝。此宝为清雍正皇帝行使国家权力发布公文时使用，具有珍贵的史料研究及实物鉴赏价值。

大清雍正御制

长10.6厘米　宽6.8厘米　高13厘米

清　雍正

Description: Seal. Made of jade.

Inscription Transliteration: Da Qing Yong Zheng Yu Zhi

Inscription Translation: The imperial seal, used when delivering decrees and amnesties.

Dimensions: Length: 10.6 centimetres; Width: 6.8 centimetres;

Height: 13 centimetres;

Period: Yongzheng (reign); Qing dynasty

五经翠室

长 10.5 厘米　宽 9 厘米　高 14.5 厘米

清　乾隆

蟠龙纽，长方形，五经翠室与八徵耄念之宝、自强不息印同为一组，同置于一木匣。而八徵耄念之宝『自强不息』即是乾隆晚年经常使用的宝玺，为了使用方便乾隆下令制造了几十方此类组合套印，五经翠室位于昭仁殿内，嘉庆二年（1797年）乾清宫失火殃及昭仁殿，此印逃过一劫。因此具有较大的收藏意义，并为不可多得的收藏珍品。

Description: Seal. Made of jade.

Inscription Transliteration: Wu Jing Cui Shi

Inscription Translation: Room of the five classics.

Dimensions: Length: 10.5 centimetres; Width:9 centimetres;

Height: 14.5 centimetres;

Period: Qianlong (reign); Qing dynasty

康熙宸翰

长 7.5 厘米　宽 7.5 厘米　高 14 厘米

清　康熙

宸翰是指皇帝日理万机，操劳政事。『康熙宸翰』是康熙皇帝办公用的印玺，古时侯皇帝常常会刻制『万几宸翰之宝』之类的印玺表示自己勤政。交龙钮，神龙挺胸，龙首微昂，平视前方，圆目张吻，竖角横须，鬃发飞扬，凛然神威。龙身卷曲交缠而龙首相背，龙爪紧爪印面，龙脊微隆，躯干遒劲，蓄势而发，动感十足，威猛张扬。雕琢精细，龙身鳞片刻划一丝不苟，排布整齐。具有极高德艺术收藏和历史研究价值。

Description: Seal. Made of jade.

Inscription Transliteration: Kang Xi Chen Han

Inscription Translation,Emperor Kangxi's personal seal. It was used for encourage himself diligent in government.

Dimensions: Length: 7.5 centimetres; Width: 7.5 centimetres;

Height: 14 centimetres;

Period: Kangxi (reign); Qing dynasty

乐寿堂 宁寿宫 对章

清　康熙

高 6.5 厘米 ×2

宁寿宫与乐寿堂。故宫有个乐寿堂，颐和园也有个乐寿堂。宁寿宫是总称。乐寿堂是其中一进院子的屋子的名称。颐和园也有一乐寿堂。此组印选用优质新疆和田白玉，精工雕琢而成，制式俨然，规整。双螭龙纽灵动形像，书体严谨规范，玉质莹润细腻，为帝王闲章中不可多得的实物资料及艺术精品，流传至今实属不易，当之无愧为收藏珍品，具极高的升值空间。

Description: Seal. Made of jade.

Inscription Transliteration: Le Shou Tang; Ning Shou Gong

Inscription Translation: Two imperial seals inscribed with the name of a hall of the imperial place. Le Shou Tang, built in 1772;originally the place where the Emperor Qianlong had a rest whenever he went sight-seeing in Ning Shou Gong Garden. Ning Shou Gong, palace of tranquility and longevity, built in the Ming Dynasty and rebuilt in 1771; where Emperor Qianlong and Empress Dowager Cixi once lived.

Dimensions: Height: 6.5 centimetres to each one;

Period: Qianlong (reign); Qing dynasty

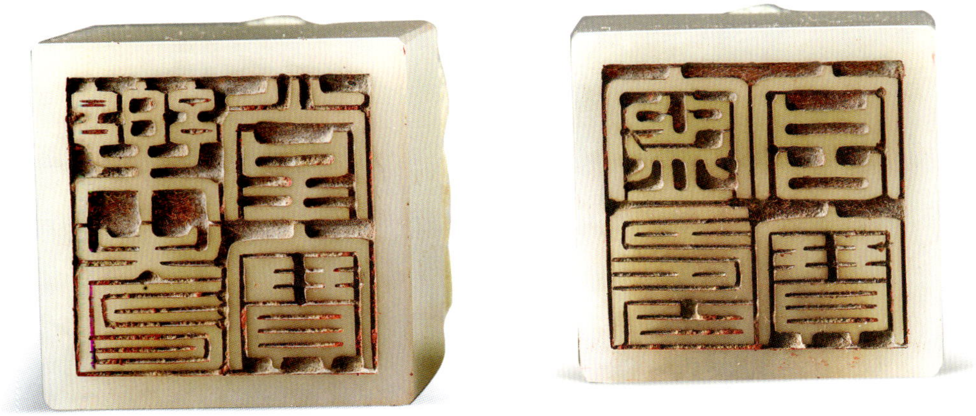

百寿套章

高 9 厘米 ×100

清 乾隆

此百寿套章印之篆刻变化无穷，无一雷同，无以重复，可见制印者构思新颖，技艺超群，设计之巧妙为帝王闲章中不可多得的珍品，目鉴均为清代御用之印，属皇帝祝寿把玩的闲章。其中一百枚三分章排列整齐，外围横竖各十枚，二围横竖各八枚，三围横竖各六枚，内围横竖各四枚，包围中央四枚，排列组合十分巧妙，此套章为不可多见的艺术精品，品相一流。

Description: Seal. Made of jade.

Inscription Transliteration: Shou

Inscription Translation: An imperial seal engraved with propitious sayings. The hundred different forms of the Chinese character "Shou" for longevity.

Dimensions:

Height: 9 centimetres to each one;

Period: Qian Long (reign); Qing dynasty

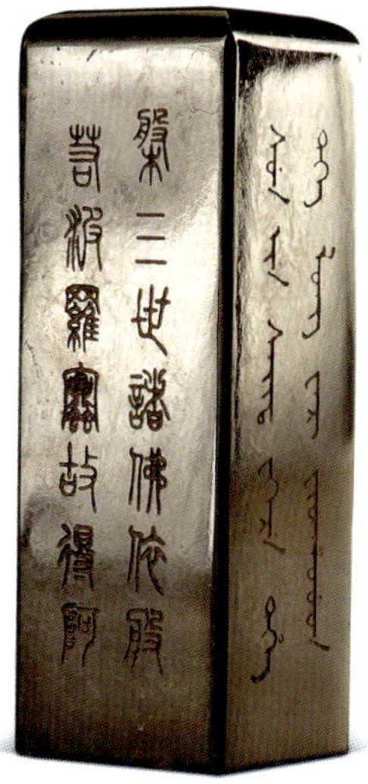

养心殿精鉴玺

长35厘米　高22厘米

清　乾隆

养心殿位于后三宫西面，西六宫的南端，明代和清初都是皇帝活动的重要场所。康熙帝崩逝后，雍正帝在养心殿为其守孝，礼成后再未迁回乾清宫，而是以养心殿为皇帝寝宫，从此直到宣统帝，清朝共有八位皇帝居住于养心殿，使这里成为皇帝处理日常政务、召见臣工和寝兴之所。其东暖阁曾是慈安太后和慈禧太后垂帘听政的地方。同样是在这里，宣统帝秉承隆裕皇太后的旨意，宣布退位，结束了清王朝的统治。

Description: Seal. Made of jade.

Inscription Transliteration: Yang Xin Dian Jing Jian

Inscription Translation: An imperial seal inscribed with the name of a hall of the imperial place. Hall of Mental Cultivation, built in 1537 and repaired during the Qing Emperor Yongzheng's reign; in the 200 years from the Yongzheng period to the end of the Qing rule, the emperor mostly lived and handled routine affairs here; the eastern room was where Empress Dowager Cixi took charge of state affairs "behind a screen". The seal used on collections of painting, calligraphy or books.
Dimensions: Length: 35 centimetres; Height: 22 centimetres;
Period: Qianlong (reign); Qing dynasty

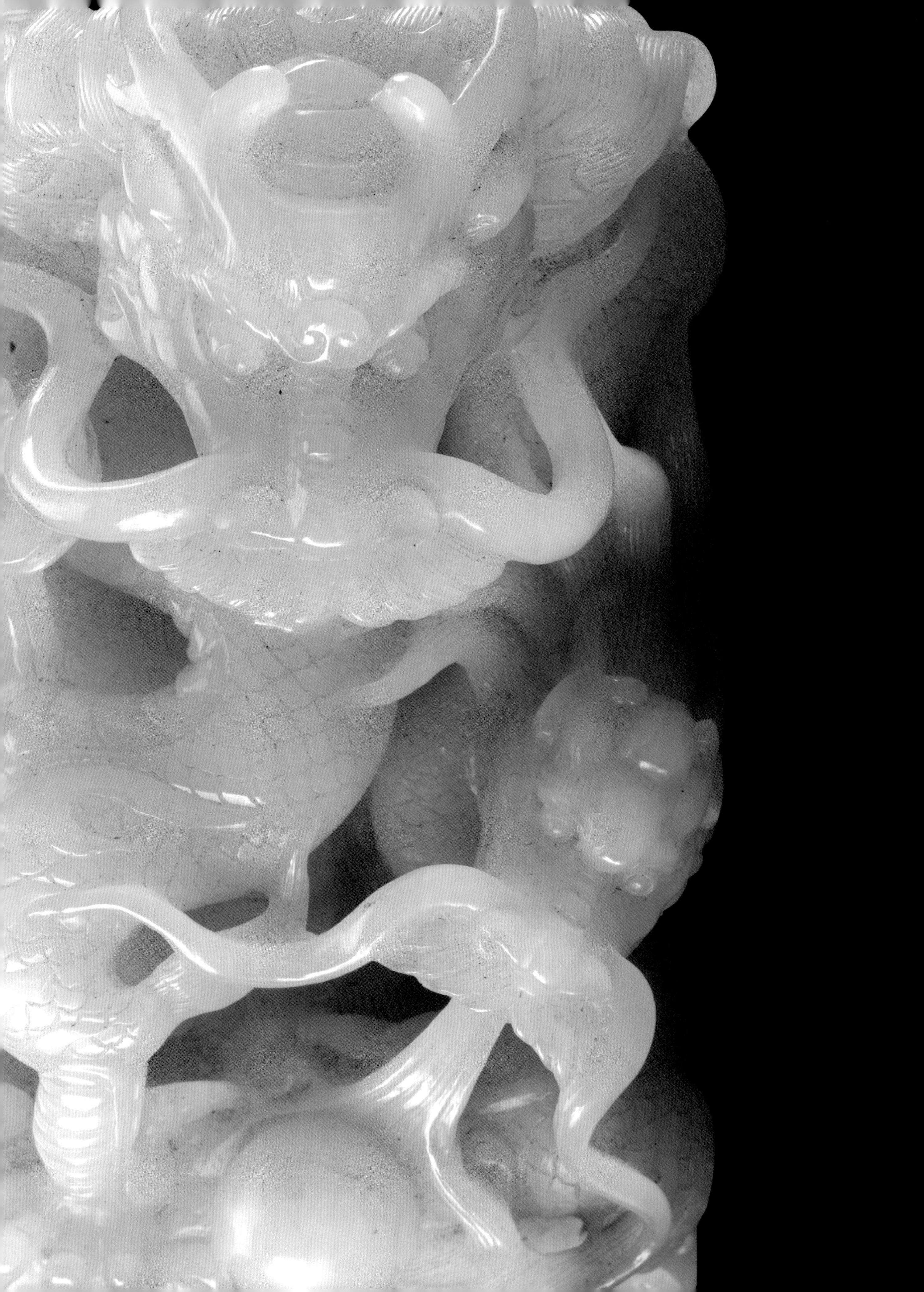

Description: Seal. Made of jade.

Inscription Transliteration: Zi Qiang Bu Xi

Inscription Translation: Strong and untiring

Dimensions: Length: 12.5 centimetres; Width: 7.5 centimetres;

Height: 10.5 centimetres;

Period: Qianlong (reign); Qing dynasty

自强不息

长 12.5 厘米　宽 7.5 厘米　高 10.5 厘米

清　乾隆

自强不息』玺，和田青白玉质，阴文篆书『自强不息』四字。除了主宝『八徵耄念之宝』、副宝『自强不息』与引首宝『嚮用五福』组成的套玺外，『八徵耄念』与『自强不息』亦有另外的搭配。此宝的另外两方则是『延春阁』玺和『八徵耄念』玺。使用时此方『自强不息』玺作为压脚章钤用于御笔作品之上。此玺和与之配套的另外两方玺印在现藏于北京故宫博物院的《乾隆宝薮》中都有明确着录，将其与《宝薮》对比，无论是印材的质地、大小，还是印文的篆法、布局都与书中的著录相符合。雕制十分精细，印文刻制中规中矩，严谨规范，体现出当时苏州玉工的制玉技术水准。

高士
想江
湖湖

新蟬送晚鶯百
年休倚賴一夢
甚分明金鼎神
仙隱綱常晝夜
傾不知早立德

八徵耄念之宝

尺寸不详
清 乾隆

此宝系乾隆皇帝晚年的重要御用玺印—和田玉，圆雕交龙纽，正方形。此宝为乾隆帝为庆祝八旬圣寿而特别制作的『八徵耄念之宝』玺，此玉质地温和、细密，其龙纽雕琢技法纯熟，造型端庄大气，极具皇家气度，在私人收藏中有能超过此宝者可谓凤毛麟角，其收藏价值、研究价值、艺术鉴赏价值，将手屈一指！

Description: Seal. Made of jade.

Inscription Transliteration: Ba Zheng Mao Nian Zhi Bao

Inscription Translation: Seal of an octogenarian. The seal was carved in celebration of Emperor Qianlong's 80th birthday in 1790.
Period: Qianlong (reign); Qing dynasty

清朝对皇后之宝有严格的规定，据《大清会典》载：『皇后金宝，清、汉文玉筯篆，交龙纽，平台，方四寸四分，厚一寸二分，用三等赤金五百两。宝盝高七寸八分，方八寸；宝色池，高二寸，方四寸八分，均金制。外椟绘凤文。』制作亦有严格的程序，首先由礼部依据成例奏报皇帝，然后由造办处制成印样，手写宝文，呈皇帝御览。皇帝钦定后，再由礼部发印样于铸印局，铸印局官会同内务府官于造办处祭炉监造。铸造完毕后交广储司银库以待镌字。镌字时，由钦天监选择吉期，礼部奏报批复，届时把宝印送至内阁，在内阁大堂行礼后，按内阁翰林院预先撰发的宝文镌刻，竣工后，收存内阁大库，待行礼时提用。最后再由工部办理制造宝盝、印池等一应物件。

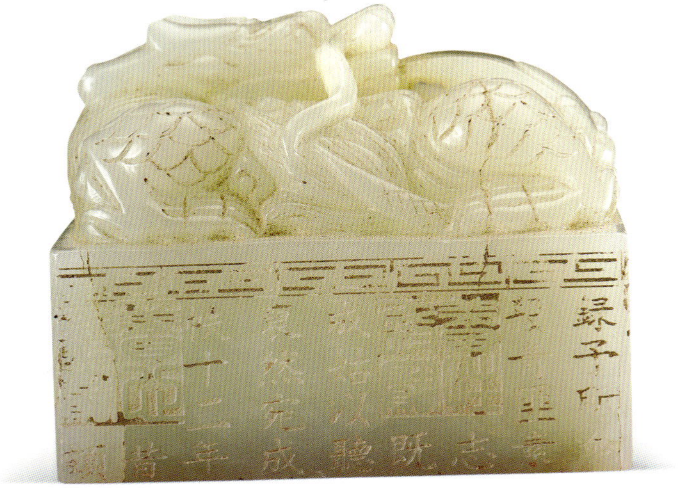

皇后之宝

尺寸不详

清　乾隆

Description: Seal. Made of jade.

Inscription Transliteration: Huang Hou Zhi Bao

Inscription Translation: Seal of the empress

Period: Qianlong (reign); Qing dynasty

珣贵妃之宝

尺寸不详

清

Description: Seal. Made of jade.

Inscription Transliteration: Xun Gui Fei Zhi Bao

Inscription Translation: Seal of Imperial Concubine Xun.

Period: Qing dynasty

珣妃阿鲁特氏，蒙古镶蓝旗人。是赛尚阿的庶出女儿。孝哲皇后是赛尚阿第三子崇绮的女儿，是赛尚阿的孙女，是珣妃的侄女。珣贵妃虽然是孝哲皇后的姑母，却比孝哲皇后小3岁。同治十一年初，赛尚阿的女儿和孙女双双被选入宫，侄女当了皇后，姑母被封为珣嫔，竟相差4级。同治帝驾崩前20天，珣嫔晋封为珣妃。光绪二十年正月初一日，以这一年是慈禧的六十大寿之年，晋封为珣贵妃。光绪帝死后第四天，即光绪三十四年十月二十五日，晋封为皇考珣皇贵妃，居住储秀宫。此宝流传至今实为不易，具较高的收藏鉴赏价值。

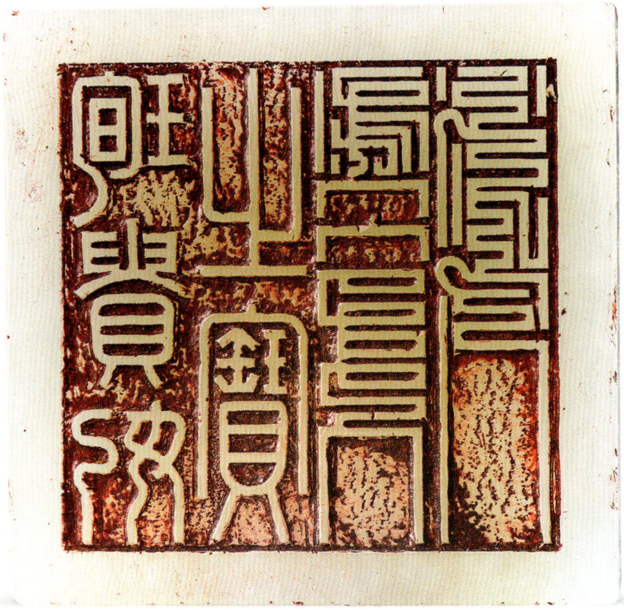

珍妃之宝

尺寸不详

清 光绪

Description: Seal. Made of jade.

Inscription Transliteration: Zhen Fei Zhi Bao

Inscription Translation: Seal of imperial concubine Zhen.

Period: Guangxu(reign); Qing dynasty

恪顺皇贵妃（1876年—1900年）他他拉氏，满洲人，人们一般习惯按她曾获封的珍妃来称呼她，为清朝光绪皇帝仅有的两个妃嫔之一，也是最为受宠的妃嫔。生于光绪二年二月初三，为礼部左侍郎长叙之女。光绪二十六年（1900年）八月初，八国联军集结兵力进攻北京，慈禧太后挟持光绪帝慌忙出逃。行前，命太监将珍妃推入位于慈宁宫后贞顺门的井中淹死。当时，珍妃年仅25岁。此印为保存完好，品相一流，工料俱佳的不可多得的收藏佳器。

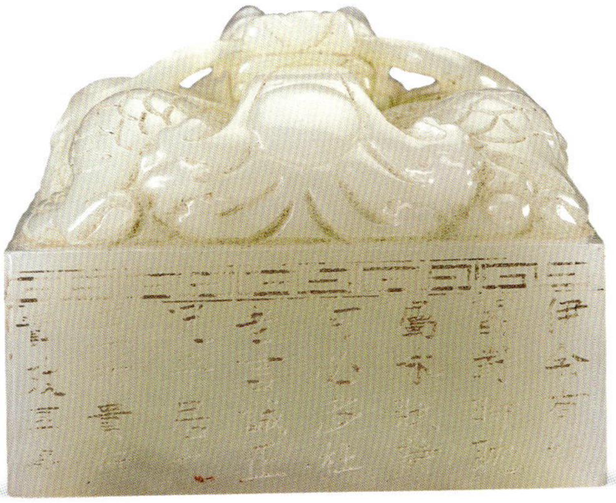

瑾妃之宝

清　光绪
尺寸不详

Description: Seal. Made of jade.

Inscription Transliteration: Jin Fei Zhi Bao

Inscription Translation: Seal of imperial concubine Jin.

Period: Guangxu (reign); Qing dynasty

端康皇贵妃(1873～1924年)，即瑾妃，他他拉氏，礼部左侍郎长叙之女，满洲镶红旗人，光绪帝妃嫔。为礼部侍郎长叙之女，瑾妃有一妹，同为光绪帝妃，即珍妃。光绪十四年(1888年)，在光绪帝的选后大典上，瑾妃和妹妹珍妃同时入选，成为光绪帝的妃子，并在隔年元月行大婚礼，之后个别以瑾嫔和珍嫔的身分入宫。宣统皇帝溥仪即位后，尊其为『兼祧皇考瑾贵妃』。宣统帝逊位后，小朝廷为之上徽号『端康皇贵太妃』。此印为瑾妃生前遗物，是身份的象征，流传至今实为不易。

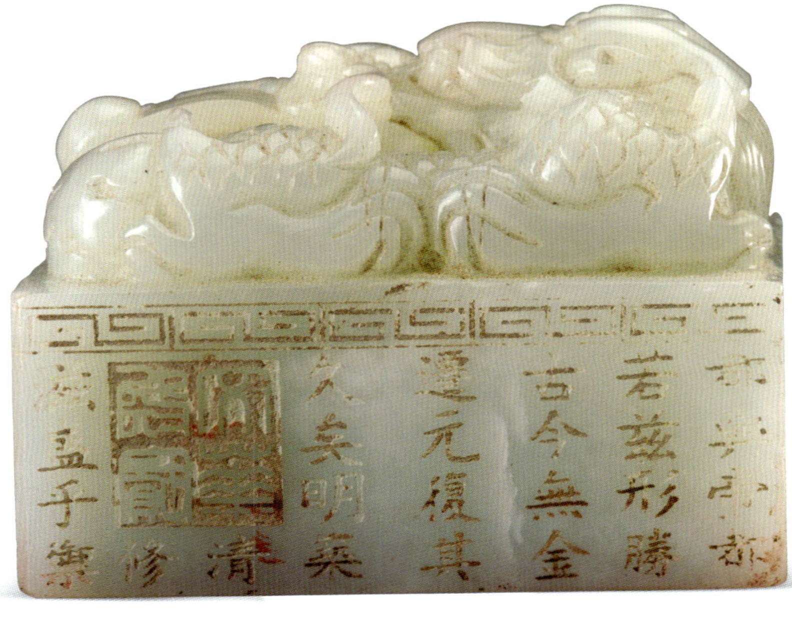

皇帝奉天之宝

高 11 厘米

清

选用优质和田白玉料，双面刻工，上部刻双龙抢珠图案。清二十五宝之一，排序第一。我国自秦代时起用玉石镌刻成的印章，凡帝王天子使用的曰国玺，曰御宝，诸侯或官吏们使用的曰印，秩卑者使用的曰钤记，其制度严明，秩序井然。制度规定其『以章奉若』，即表明清代统治是奉天命而行的。玺文朱文，玉筋篆，左满文本字，右汉文。具有重要的史料研究价值和实物佐证。

Description: Seal. Made of jade.

Inscription Transliteration: Huang Di Feng Tian Zhi Bao

Inscription Translation: One of the Twenty-Five Imperial Seals symbolizing the imperial power were selected by Emperor Qianlong from the seals of successive reigns of the Qing Dynasty in 1746. It's in order to show directly the supremacy of imperial authority.

Dimensions: Height: 11 centimetres;

Period: Qing dynasty

皇帝

李久芳

男

汉族

1930年出生于河北抚宁。

1952年到故宫博物院工作，长期从事博物馆的文物陈列与研究。1954年参加文化部、考古研究所、北京大学联合举办的“考古训练班”（第三期）的学习，奠定了专业基础。多年来，重点学习和研究中国古代工艺美术和文物中的玉器、漆器及金属胎珐琅器。

现任国家文物鉴定委员会委员、中国文物学会玉器研究会理事、中国工艺美术学会鼻烟壶研究会理事、中国博物馆学会会员、故宫博物院研究馆员。曾主持或参与“历代艺术馆”的创建和多次改陈，主持建立“明清工艺美术馆”、“明清漆器陈列馆”、“金属胎珐琅陈列馆”，主持或参与举办“文房四宝展览”等。并主持由国家文物局、故宫博物院联合举办的“全国出土文物珍品展（1976-1984年）”、“中国文物精华展”（第一届）等多项大型的古代文物陈列展览。

近年来，参加了故宫博物院与商务印书馆（香港）有限公司合作出版的《故宫博物院藏珍品全集》的编写，担任《清代漆器》、《金属胎珐琅》、《明清竹木牙角》、《清宫鼻烟壶》四卷的主编。曾先后应邀为国家文物局文物培训班讲授“中国古代玉器历史发展及时代特征”，为天津南开大学博物馆专业讲授“中国古代漆器历史及辉煌成就”，为国家文物局文物总店讲授“中国古代漆器鉴赏”。1994年-1997年参加国家文物局专家组，对全国馆藏一级文物进行鉴审和和认定工作。

张淑芬

女

汉族

1939年生

祖籍广东省番禺市

1966年毕业于中央美术学院美术史美术理论系。1973年分配到故宫博物院工作，先后在保管部、业务部、陈列部、古器物部工艺美术组，从事竹木牙角、文房清供等杂项的研究及陈列展览工作。1989年—1992年任工艺美术组组长。现为故宫博物院研究馆员，被北京市政府聘为北京市文史馆终身馆员。曾先后赴河南洛阳龙门石窟考察并绘图实习，赴广东佛山、增城等地参与考古发掘及研究工作。任职故宫后，以基础理论与传承文物相结合，在文房清供研究中首次提出“文房四宝”是我国工艺美术史的组成部分，是一门独立学科的观点。主持参与院各类陈列、展览几十项。主持《文房四宝馆》陈列，负责《故宫历代艺术馆》杂项陈列，负责《全国第一届文物精华展》，参与《全国出土文物精品展》、《全国流散文物精品展》，赴海外《中国钟表展》、《清朝宫廷文化展》等重要展览。参加《国宝》、《故宫博物院藏文房四宝》、《中华文物精华》、《日本文房四宝》等大型图册的编写工作。主编《古代鉴赏收藏——文房四宝的鉴赏及收藏》和《故宫博物院藏文物珍品全集·文房四宝》（两卷），发表论文等数十篇。

毕业于北京大学，曾在故宫博物院保管部以及古器物部担任研究工作，现任故宫博物院副研究员。著作有：《古玩辨伪指南》、《中国历代工艺珍品鉴赏》、《故宫雕刻精粹》等。

担任《古物鉴真》竹木牙角类、《中国文物大百科》竹木牙角类主编，《故宫60卷.竹木牙角卷》副主编分写187篇说明文。参加《古玩辨伪指南》竹木牙角章《中国历代工艺珍品鉴赏》竹木牙角类、《中国文房用具》、《故宫雕刻精粹》等著作的编写。发表有《竹雕在明清两代的发展》《清宫象牙雕刻》《清宫如章》《犀角大观》、《明末清神竹刻浅淡》等多篇期刊文章。

刘静

女

汉族

出生于1950年。

张寿山

男

汉族

1937 年出生

◇◇◇◇

故宫博物院副研究员。主要从事玉器研究工作，参加了故宫三万余件玉器的搬运、移库、核对、定名工作；并连续两年评为院先进工作者；参加了故宫博物院精品六十卷中的玉器卷图版说明和《中国玉器全集》（1-6册）、《文物精华》、《故宫文物大典》、《故宫藏玉》、《百科全书》、《宝玉石》等图册的条幅编写工作，以及国家文物局鉴定委员会主持的玉器鉴定工作。

澳门企业家，中国人民政治协商会议第十一届全国委员会委员。澳广视前执行董事，现任澳门新建业集团主席，澳门南湾发展有限公司执行董事，财神酒店董事长、澳门地产商会荣誉会长、澳门南海同乡会名誉会长、广东海外联谊会理事、广州市慈善会名誉理事、广州市工商业联合会副会长、加勒比拉丁美洲行动协会总会董事，第九、十、十一届全国政协委员、黑龙江省政协委员、广州市政协委员、澳门特别行政区筹委会委员。曾分别被美国太平洋大学授予“经济荣誉博士”及被广州市政府和南海市政府授予“荣誉市民”称号。澳门新建业集团业务涉及贸易、制衣、房地产、酒店、餐饮和旅游等。成功之后的吴立胜先生奉行“回馈社会，造福社会”的理念，经常为祖国内地各项公益事业慷慨解囊，他给海内外公益事业捐款已达上亿元人民币，还帮助上万名儿童就学。2009 年 3 月在联合国总部，吴立胜先生获“千年计划发展奖”。该奖项由联合国千年计划发展奖委员会颁发，以表彰对世界扶贫项目有特殊贡献的人士。此次获奖，就是因为吴立胜先生对贫困儿童教育事业的支持。在颁奖会上，吴立胜先生发表获奖感言。他说，联合国千年发展目标计划，将帮助许多国家的贫困人口摆脱贫穷，让更多儿童脱离饥饿痛苦。能为这一发展目标计划贡献自己的力量，我感到无比地荣幸。

吴立胜

男

汉族

1948 年 6 月出生

原籍广东南海

1978 年赴澳门发展

吴立胜主席瑞金红色

澳门名门世
名门世家九
暨男女

图书在版编目（CIP）数据

鼎玉永昌：澳门新建业集团典藏玺印 / 李久芳主编

-- 北京：文物出版社，2017.7

ISBN 978-7-5010-4821-2

Ⅰ.①鼎… Ⅱ.①李… Ⅲ.①古印(考古)-鉴赏-中国 Ⅳ.①K877.6

中国版本图书馆CIP数据核字(2016)第279851号

鼎玉永昌

澳门新建业集团典藏玺印

主　　编：李久芳

图书策划：吴立胜　赵　兵

责任编辑：吴　湘

责任印制：梁秋卉

摄　　影：王保平

装帧设计：雅昌设计中心

出版发行：文物出版社

地　　址：北京市东直门内北小街2号楼

邮　　编：100007

网　　址：www.wenwu.com

邮　　箱：web@wenwu.com

印　　刷：北京雅昌艺术印刷有限公司

经　　销：新华书店

开　　本：889×1194　1/16

印　　张：11.25

版　　次：2017年7月第1版

印　　次：2017年7月第1次印刷

书　　号：ISBN 978-7-5010-4821-2

定　　价：300.00元